단,
한 작품도
명작(名作)이 아닌 것이 없는
이 나라 최고의
시(詩)의 명장(明匠)!

류재상 詩集

삶의 여유와 행복을 노래한
삶의 여백(餘白)

도서출판 **평 강**

| 서시 |

언어의 기적(奇跡)

－시(詩)는, 사실적 언어의 기적이다

기적은, 현실 속에서는 불가능이다! 저 놀라운 종교적
기적은, 참으로 오랫동안 우리 인간의 종교적인 꿈과
상상력(想像力)이
꾸며낸! 가장 감동적(感動的)인
허구적, 신화(神話)다!
그러나 시는,
다르다!
시는, 사실적인 언어의 기적이다!
이 언어(言語)의 기적이 바로, 우리의 정신적 기적이다!
나는 시력 50년여 동안, 5천편 이상의 시를 써오면서!
나의 영혼(靈魂)과, 자연(自然)이
하나로 일치
되는! 가장 황홀한, 정신적
기적(奇蹟)을

수 없이 경험한 시인(詩人)이다! 시인은
언어의 기적을 믿는, 성직자다! 우주의 모든 존재의
궁극이, 언어다! 이 세상은, 전부가 언어
속의 존재다!
언어를 벗어난 존재는, 단
하나도 없다!
신(神)도, 신이라는 언어를
절대로 벗어날 수 없다! 우리 인간(人間)의 가장 위대한
진실(眞實)은, 인간의 언어가! 바로, 우주(宇宙)를 창조한
하느님! 즉, 신(神)이라는 사실이다!
이렇듯,
존재의 궁극이
언어요! 그 언어의
궁극이 바로, 시(詩)다! 따라서
시는, 언어를
창조하는 언어의 신(神)이다! 나는 이 언어의 신을 믿는,
성직자다! 존경하는 독자(讀者), 여러분! 이 시집 속에서,
인간의 영혼과 자연이 하나가 되는!

이 정신적, 황홀한 언어의 기적을 경험하시기 바랍니다!!
　　　　　　월엽당 '시인의 집' 주인
　　　　　　　月葉 류 재 상

목 차

서시 / 3

제1부 빨간 복숭아 하나 / 7

- 빨간 복숭아 하나 / 8
- 경칩(驚蟄) 무렵 / 10
- 벌써, 양지(陽地)쪽엔 / 12
- 시원한 여름바다 / 14
- 오늘 아침 / 16
- 어느 조각상(彫刻像)의 소묘(素描) / 18
- 시인(詩人)의 친구(親舊) / 19
- 파란 가야금(伽倻琴)소리 / 22
- 11월의 진달래꽃 / 24
- 눈[雪] 오는 날 / 26
- 춘분(春分)무렵 / 9
- 우수(雨水)무렵 / 11
- 20180321일기(日記) / 13
- 행복(幸福) / 15
- 덕유산에 오르는 날 / 17
- 다시 돌아온 영웅(英雄) / 21
- 11월의 개나리꽃 / 23
- 사과 깎기 / 25

제2부 참 하늘 맑은 날 / 27

- 참 하늘 맑은 날 / 28
- 첫 눈 오는 날 밤 / 30
- 능소화 / 32
- 가을 들국화 / 34
- 가을, 새벽 산책길에서 / 36
- 4월의 달빛 / 38
- 한 잎 낙엽 앞에서 / 40
- 가장 존경스런 존재(存在) / 43
- 꽃바람 / 29
- 연꽃 / 31
- 새로운 탄생(誕生) / 33
- 눈 오는, 산골 풍경(風景) / 35
- 삶의 여백(餘白) / 37
- 삶의 양념 / 39
- 혼자 떠나는 가을 여행 / 42
- 혼란스런 세상(世上) / 44

목 차

제3부 희망(希望)의 나라 / 45

- 꿈꾸는 나라 / 46
- 어느 늦가을 오후(午後) / 48
- 봄이 왔어요 / 50
- 민족 통일의 그날 / 52
- 요즘 세상(世上) / 54
- 황홀한 여름 / 56
- 늦가을 서정(抒情) / 47
- 어느 바다 풍경(風景) / 49
- 하얀 이별(離別) / 51
- 독(毒)과 약(藥) / 53
- 우연(偶然)히 하늘을 보다가 / 55
- 내 고향(故鄕) 마을 / 57

제4부 차창 풍경(車窓風景) / 59

- 가을, 차창풍경(車窓風景) / 60
- 신념(信念)의 기적(奇蹟) / 62
- 한여름 무더위 / 64
- 5월 5일 어린이 날 / 66
- 봄[春] 가뭄 / 68
- 가을 소묘(素描) / 70
- 백년(百年)을 안의초등학교에 다니는 다섯 친구(親舊) / 71
- 한결고운갤러리에서 / 72
- 오도령(悟道嶺) 영신각(靈神閣)에서 / 75
- 류재상(柳在相) 묘비 / 76
- 5월의 초록빛 폭력(暴力) / 61
- 가을의 노란 알곡식 / 63
- 8월 5일 / 65
- 봄(春), 그리고 어느 들녘의 질투 / 67
- 가을 앞에서 / 69
- 오직, 진실(眞實) 하나 / 74

〈평설〉 우종상(문학박사 · 교수 · 문학평론가 · 시인 · 수필가) **/ 78**

제1부
빨간 복숭아 하나

빨간 복숭아 하나
– 내 생명의 자양(滋養) 속으로

잘 익은 그 복숭아 하나를, 내가 먹는다!
습도와 온도와 바람과
햇살이,
내 혓바닥
위에서!
가장
달콤하게
두 다리를, 쭉 뻗는다!
한창 무더운 8월 9일, 오후 1시쯤이다!
하늘에서, 날 찾아온!
그 빨간,
복숭아
하나가!
마지막
내 손바닥
위에, 단단한 씨! 가장
달콤한, 핏줄 하나 남기고! 내 생명의

그 자양(滋養)속으로, 영원히 떠나고 있다!!

춘분(春分)무렵
– 비비새 한 쌍

비~비~ 하는, 비비새 암컷의 목소리가 젖을 대로
젖는다!
비쭉비쭉하는, 수컷의 아랫도리에
벌써 빨갛게
불이 붙었다!
양지쪽에
내려앉은,
햇살의 따뜻한 애교가!
오늘도, 만점(滿點)이다! 아침저녁, 코끝에 닿는
그 상큼한 공기(空氣)의
맛이 더욱
달콤하고!
앞산 어린
물소리의
엉덩이에, 날로 살[処]이 통통하게
오른다!
저쪽 건너편 냇가에, 한창 물오른 저 수양버들[柳]!
왠지? 나를, 바라보는!

그녀의 그 파릇한, 눈빛이! 어쩐지? 심상(尋常)치 않다!!

경칩(驚蟄)무렵
― 겨울[冬]누나

올 경칩(驚蟄)이, 아직도 쿨쿨 잠자는
개구리란 놈
이마에다!
냅다,
알밤
두어 대
먹이니! 놀라
벌떡 일어나, 폴짝 뛰며 하는 말!
"경칩아저씨!
나를
잠재우던
우리
겨울누나,
어디 갔나요?"
"이놈아, 어디 가긴 어디 가! 따뜻한
햇살날개 달고, 벌써

하늘나라! 예쁜, 천사(天使)로 날아갔지!!"

우수(雨水)무렵
– 봄비가, 장가오는 첫날밤

봄비[春雨]가, 장가오는 첫날밤! 땅은, 이미
생리(生理)가 끝났다!
배란(排卵)이
시작되는
날로부터, 땅은 벌써
그
촉촉한
아래쪽에서! 밤마다
물소리 들리는, 여인(女人)이다! 양지바른
우리 밭, 아랫배에는!
어느새
아욱과
상추씨의, 발길질이
시작되고!
저쪽
아지랑이는 파랗게
태어날 새싹, 그 첫손자(孫子)가 보고 싶어!
날마다, 따뜻한 햇살!

그 딸의, 출산일(出産日)을! 손꼽아, 기다리고 있다!!

벌써, 양지(陽地)쪽엔
– 물소리도 젖[乳)]이 빙 돌고

벌써 양지쪽엔, 냉이 꽃이 하얗게 향기를
낳아 기른다!
엊저녁, 내린 봄비에
물소리도!
어느새,
잔뜩 부푼 앞가슴에
젖(乳)이 빙 돌고! 부지런히 달려오는
새싹들의, 발걸음이!
앞산에서,
파릇파릇
참 시끄럽게 들린다!
햇살 자욱한
저쪽, 눈부신 빈 허공엔! 예쁜, 노랑나비
한 쌍이! 오늘은

어제보다, 더 흥(興)겨운 어깨춤을 낳는다!!

20180321일기(日記)
– 여왕(女王)

봄비가, 생명의 신하(臣下)들 거느리시고! 오늘
아침, 저쪽에서 눈부신
여왕으로 걸어오신다!
겨우[冬]내,
땅속에서
깊이
잠자던
어린
꽃씨들도! 어느새 벌떡
일어나, 일제히 여왕(女王) 앞에 파랗게 무릎을
꿇는다! 봄비, 그 여왕의
발걸음이!
더욱
파릇파릇,
봄을
연주하는 날!
길바닥에 굴러다니던
버림받은, 그 복숭아씨
하나도! 오늘은, 그만 눈시울이 촉촉이 젖어!

달콤한, 엄마 생각에 하루 종일 흐느끼고 있다!!

시원한 여름바다
– 비키니(bikini)

바다[海] 하나가 시원함을 데리고, 신나게 혼자
놀고 있다! 저쪽에서
어느새
날씬한,
뭉게구름 하나도!
파란 하늘에
그만
하얀, 비키니(bikini)로
뛰어든다! 벌써 여름[夏] 곁에는, 파도(波濤)를
그리워하는! 그 수많은
예쁜
무더위들이
자꾸만, 모여들고!
오늘도
햇볕에
반짝이는, 저쪽의
모래사장이! 탄력성 넘치는, 그 하얀 앞가슴을
드러내고!

어제보다, 더 파돗소리 풍만한 비키니를 입는다!!

행복(幸福)
– 하늘을 소유(所有)한, 새 한 쌍

푸른 생명이, 흘러넘치는 5월에!
새[鳥] 한
쌍이,
나란히 날개를 편다!
한 마리는
그냥,
앞서 날고!
또 한 마리는, 마냥 뒤따라 난다!
어쩌다? 작은
산골마을
그
푸른 하늘[蒼空]을,
다
소유(所有)한
새 두 마리는! 날고, 또 날아도!
왠지?

날갯짓하는, 하늘이 자꾸만 꿀맛이다!!

오늘 아침
- 새로운, 나의 탄생(誕生)

오늘도 나는 어제가 아닌, 새로운 오늘로 탄생하고 있다!
아침 해가, 가장 먼저 반갑게 달려와 인사다!
동쪽 하늘이, 지금 막 나를
순산(順産)하고!
아랫배에
아직
피 묻은 탯줄로, 환하게
웃는다!
새소리가, 사방에서 와 손뼉치고!
저쪽에서 물소리도 기뻐서, 하늘 높이 손 흔들고 있다!
풀밭에서 한창 반짝이는, 아침이슬
그
작은 입술들이 눈부시게
합창할
무렵! 산위에서
나무들이 벌써
가장 푸르게, 오늘 탄생한
나를! 막 '형(兄)'이라, 부르며 달려오고 있다!
이때, 저쪽에서 더 높이 하늘에 떠오른 아침 해가! 어느새,
새로운 나의 탄생을

산(山)과 들녘에! 온통, 눈부신 햇살로 축하(祝賀)하고 있다!!

덕유산에 오르는 날
— 첫날밤, 신부(新婦)

오늘 나는, 저 단풍(丹楓)과 햇볕과 하늘과 함께
덕유산에 오른다!
우리 넷은
어깨에, 시원한
바람
그
커다란
배낭을
메고! 흐르는 땀방울이
신나게, 갈 길을 자꾸만 배낭(背囊) 속에 구겨
넣는다! 여기저기에서,
잠깐
쉬어가라는!
물소리
새소리의,
그
황홀한
유혹(誘惑)에도!
우리는, 구름에 싸인 저 향적봉을! 오늘은, 결코

가장 아름다운! 첫날밤, 신부(新婦)로 만들고 말겠다!!

어느 조각상(彫刻像)의 소묘(素描)
– 가장 바보 같은, 돌[石]에게

돌(石)이, 아니 한 여인(女人)이! 입술에
촉촉한, 미소(微笑)를
살짝
바르고!
그 불타는 사랑으로
아름다운
눈썹을,
그리고 있다!
살짝만 누르면, 금방이라도! 단물이, 툭!
터질 것 같은!
살아있는
또
하나의, 생명(生命)!
떨리는
조각가의
그 불타는, 혼(魂)이!
이렇게, 가장 바보 같은 돌에게! 밤새도록
꿈틀대는,

여인의! 그 뜨거운, 욕정(欲情)을 불어넣었다!!

시인(詩人)의 친구(親舊)
– 고독(孤獨)은, 늘 나와 함께

고독은, 내 친구예요! 꽃을 보고, 기쁨을 요리할 때나!
그 많은 아픔과 죽음을 보고, 슬픔을 요리할 때에는!
늘, 고독
그 친구는 나와 함께 있어요!
아침마다 돈으로
얼굴을
누렇게
세수하는,
요즘 세상에! 바람처럼
막 사방으로 흔들리는
뼈 없는
친구들이, 그 얼마나 참 많나요?
내 친구 고독(孤獨)은요, 저 높은 지조와 절개를!
이 세상에서, 가장 눈부신 보석으로 알고 있어요!
요즘 같은 세상에, 고독 그 친구
참으로
웃기는 친구지요! 혹,
의심(疑心)나면? 요즘
실업자가
된,
저 불쌍한
하느님한테 한번

물어보세요? 하루는요 고독,
내 친구
그녀석이! 그만 어쩌다? 달콤한, 내 시(詩)에 흠뻑
취해! 올봄, 꽃을 데리고 오시는! 저쪽에 일렁이는
아지랑이 그녀가! 바람난

자기의, 여동생이라나 뭐라나? 꽤나, 참 횡설수설하네요!!

다시 돌아온 영웅(英雄)
– 요즘 인기 있는, 어느 TV 드라마(drama)

녹슨 고철(古鐵)이, 불꽃을 마시고 취하여 뜨거운
액체(液體)로 춤추다가! 다시
새로운, 부품(部品)으로
돌아오는!
용광로(鎔鑛爐) 속의,
저
황홀한
탄생 같이!
죽음, 저쪽의 그 아득한 과거(過去)!
그 속에 살았던, 고구려의 영웅 을지문덕(乙支文德)
그가! 한없는, 시간을 마시고 취하여!
저 먼 천년
밖에서,
맑은
물소리로 춤추다가!
요즘
인기 있는, 텔레비전
드라마 속에서! 우리 모두의
뜨거운 감동(感動)으로, 다시 탄생해! 저녁마다
이 더러운,

시대에! 가장, 깨끗한 영웅(英雄)으로 돌아오고 있다!!

파란 가야금(伽倻琴)소리
– 벌써 가을[秋]이

달빛 묻은 환한, 귀뚜라미소리가 귀에 달다!
벌써 강원도, 저쪽에서 풍겨오는
설악산 단풍
냄새도!
벌서 내 코끝에
빨갛게,
와
앉는다! 가을[秋]이
지금 한창 웃으면서, 얼굴을 쏙 내밀고 있다!
반가워서, 저쪽에서
막
노랗게!
신나게, 달려오는
들판의
저 바람도!
그만 발가락 끝이, 아주 동그랗게
알곡식으로 익는다! 이럴 땐, 저쪽 하늘도
건드리면!

그냥, 쨍그랑하고! 파랗게, 가야금소리가 난다!!

11월의 개나리꽃
― 기후변화(1)

11월이, 4월로 뒤집혀지는 참 이상한
전쟁! 항문이, 입술로 뒤집히는
저 꽃피는
개나리의
그
노란 총(銃)소리에!
우리가
맞아, 어느 날
갑자기 꿈처럼 가장 아찔하게 죽을
수도 있다! 어린
재앙이
사춘기(思春期)를
지나,
지금은
너무나
예쁜 소녀다! 인류의 앞날이
11월의 저 노란 꽃잎 속에서, 어쩌면?
가장, 화려하게!

그 예쁜 그녀와, 결혼(結婚)할지도 모른다?!

11월의 진달래꽃
― 기후변화(2)

지금 돌아가는 세상이, 참 이상하다! 몽땅 이빨 빠진
날씨가, 밑도 끝도 없이 11월에
저 빨간 진달래로 피고 있다!
세상이 너무나
과학적(科學的)으로
미쳐, 우리
모두가 핑그르르
팽이처럼 돈다! 종교(宗敎)는
입버릇처럼, 하느님과 부처님이 이 땅에 내려와
계신다는데? 과학은 가장 큰 목소리로, 이 우주를
한 알의 가장 달콤한 과일로
만들고 있다는데?
왜,
진달래는 저렇게 젊은
나이에
벌써, 망령인가? 궁금해서
환장(換腸)한 놈[者]들이, 짚고 섰던
제 지팡이 끝으로! 인류문명(人類文明), 그놈의 긴
모가지를 댕강 쳐! 11월에 핀,

저쪽 진달래 밖으로! 피 묻은 채, 내어던지고 있다!!

사과 깎기
– 작은 진리(眞理) 하나

눈썹이, 하얀 접시 위로 빨갛게 흘러내리는
사과 깎기! 속살에 아주
달콤하게
저장(貯藏)된,
눈부신
햇살이
아침마다 나[我]를 부른다!
산속에서, 깨끗하게 살면 누구나 저렇게
사과 속의 저 위대한 단맛이
된다는!
이 작은,
진리(眞理)
하나가!
마지막, 생명을 떠나는
저 얇은 그 껍질 속에서! 아주, 동그랗게
외치며! 탁자 위 하얀 접시, 그 무서운

낭떠러지로! 눈감고, 빨갛게 뛰어내리고 있다!!

눈[雪] 오는 날
– 겨울[冬]의 하얀 권력(權力)

눈[雪]은, 겨울[冬]의 하얀 권력이다!
산과 들판[野]도, 눈의
하얀
명령에!
모두가,
조용하다! 눈 오는
날에는, 세상에서 가장 추(醜)하고
더러운! 그 욕설과
비난도,
눈 속에서!
모두가,
하얗게 무릎을 꿇는다!
눈은 그 눈부신 설경으로, 사람까지!

가장 황홀하게, 지배(支配)하고 있다!!

2부
참 하늘 맑은 날

참 하늘 맑은 날
- 늦가을[晩秋], 숲속 정경(情景)

하늘[天]이, 파랗게 익어! 술잔에
그냥 쪼르르 따르고
싶은,
늦가을!
오솔길도 여름보다
더
요염(妖艶)하게 꼬리치는, 저쪽
숲속!
도토리 줍던, 살찐
다람쥐
두
마리가! 제 딴에도
눈부신 오늘이, 너무나 행복해!
그만

암컷이, 수컷 위에 얼른 올라탄다!!

꽃바람
– 4월의 서정(抒情)

벌써, 4월의 꽃바람이! 부푼 소녀의 앞가슴을
빨간 풍선(風船)으로
허공(虛空)에, 띄워
보낸다!
천지를
온통 황홀로,
물들인
저쪽 꽃밭에서는!
벌과 나비들이, 꽃의 그 달콤한 사랑에 빠져!
그만, 날개까지
사르르
다 녹는다!
어느덧
저쪽의
물오른 버드나무
그녀석의 그 파릇한
눈빛에, 커다란 사랑이 열려! 무거워 떨어질
듯 봄비[春雨], 그 촉촉한

그리움에! 사춘기(思春期)가, 더욱 파랗게 익는다!!

첫 눈 오는 날 밤
- 잠 못 이루고...

내 첫날밤은, 너무나 빨간 꽃잎이었는데!
오늘 첫눈은, 분명히
하얀
천사(天使)다!
누구나
이
'첫' 자
앞에서는
우리 모두가, 다 황홀한 감동(感動)이다!
첫눈 오는
날,
첫사랑의
그리움이
하얗게
쌓이는 밤이면!
어쩐지? 저 먼 곳에서, 체온(體溫) 하나
막 달려와! 그만

가장 뜨겁게, 내 품안에 와락 안기고 만다!!

연꽃
- 가장 깨끗한 혁명(革命)

스스로, 제 뜨거운 가슴에서! 빛[色]을
내고, 열을 내는
저 신비한
꽃!
더러운
곳에서
일어나는, 가장 깨끗한
혁명(革命)!
꽃의
의미보다,
더
고결(高潔)하게
피어나는! 그 절정의, 순간! 바람[風]도
감히,

향(香) 거느린! 당신을, 흔들지 못한다!!

능소화
– 생때같은 그 젊은 목숨

아침부터 저 7월 장마가, 불쾌지수와 무더위를
마음껏 마시고! 젖은
이끼처럼,
아주 눅눅하게
취하여!
혼자,
한없이
중얼거리고 있을 무렵!
아직 시들지도 않는, 생때같은 그 젊은 목숨!
뚝뚝, 떨어지는 능소화! 눈[目]도 감지 못하고,
차마 떨어지지 않는
그
발걸음!
하늘로
돌리지 못하는,
오후
한나절! 하염없이
내리는 비[雨]도, 손에 비를 든 나도! 그만
그 황망한, 젊은

생(生) 앞에! 우리는, 망연자실(茫然自失)이다!!

새로운 탄생(誕生)
– 저 화강암(花崗巖) 바위도

최고의 침묵(沈默)과 최고의 무게로 사는
화강암, 저 바위도! 때로는
가장 뜨거운
사랑의,
진액(津液)을
쏟는다!
근육질 그 남자가
바위의, 그 엄청난 침묵과 무게를! 불꽃
튀는, 그 혼신의
뜨거운
정(釘)소리로!
마지막
아름다운
여인으로, 깨뜨리는 순간!
그만 그 딱딱한, 화강암(花崗巖) 바위도!
정녕, 황홀해! 어느새,

여인의 그 뜨거운! 사랑의, 진액을 쏟는다!!

가을 들국화
- 가을이 더 좋아서

저 노란, 들국화아저씨! 참, 외롭다! 들꽃들이
그렇게 무수히, 휘날리는
봄보다!
이른 새벽, 찬이슬
내리는
쌀쌀한
가을이 더 좋아! 늘 혼자
사는, 꽃이다! 저쪽 가을하늘[秋天], 그 파란
외동아들! 하나만 데리고
사는,
노란
들국화아저씨!
오늘도
새벽부터, 입술시린
찬이슬에 흠뻑 취(醉)해! 아직, 해도 안 뜬

저쪽 산기슭에서! 혼자, 노랗게 흥얼거리고 있다!!

눈 오는, 산골 풍경(風景)
– 하얀 병아리들

눈(雪)은, 겨울의 하얀
행복이다!
산 밑
저쪽에,
몹시
춥고 가난한! 그림 같은
작은,
산골
마을 하나!
이렇게
펑 펑, 눈 오는 날에는!
종종대며, 나들이

나가는! 하얀, 병아리들이다!!

가을, 새벽 산책길에서
- 단풍(丹楓)

맑고 상쾌한 가을이, 새벽 산책(散策)길에서!
유리알 같이 맑은 공기와
그만,
온 산이
뜨겁도록 입맞춤이다!
이때, 막 해 뜨는
저 동쪽
하늘과! 흥얼대며
걸어오는, 저쪽 물소리는! 왜, 저렇게 빙그레
웃고만 계실까…?
지팡이
짚고 나선, 나의
새벽 산책길에서! 다시
작년에
만났던,
아름다운 그 여인(女人)!
올해도, 그 예쁜 고운 한복(韓服) 차림으로!
뒷산에서 우리 마을로,

내려오시는! 저 단아한, 가을단풍(丹楓) 그녀!!

삶의 여백(餘白)
– 그림[畵] 같은 양념

삶의 하얀 여백(餘白)을 데리고, 느린 걸음으로!
나는 오늘도, 낙엽 지는
숲속
오솔길을 혼자 걷는다!
발밑에서 제법
아삭아삭
씹히는,
낙엽 밟는 늦가을
맛이! 파란하늘, 그 감칠맛과 잘 섞일 무렵!
누가, 이런 상큼한
맛을!
참으로
가득, 군침 돌게
행복의 맛이라 했던가?
숲속
낙엽 지는, 오솔길에서!
오늘처럼, 이렇게 여유 있는 삶의 하얀 여백은!
우리의 인생을

가장 맛있게 요리하는, 그림[畵] 같은 양념이다!!

4월의 달빛
– 약(藥)

4월이면 나는, 밤[夜]마다 달빛[月光]을
약(藥)으로 먹는다!
지금
나는,
그리움으로
병(病)든
환자(患者)다! 꽃 피는 4월, 사랑이나
그리움으로
누워있는
중환자실에서!
나는
지금, 저 환한 달빛
머금은 벚꽃! 그녀의 그 황홀한 눈빛,

그 링거(Ringer)를! 밤새도록, 꽂고 있다!!

삶의 양념
- 꿈

꿈은, 삶의 찌개를 맛있게 끓이는 양념이다!
제아무리, 반찬이 많아도
너무 맵거나 짜면
그
음식은
실패다!
음식의
핵심(核心)은, 양념이다! 자연도
온도와 습도(濕度)를 알맞게 넣어, 계절마다
가장 맛있는 찌개를 끓이듯이!
하루하루
몹시
힘들고,
그
고달픈 우리의 삶도!
저 꿈꾸는 희망, 그 달콤한
양념이 있어! 내일은 오늘보다, 맵거나 짜지
않는! 감칠맛 나는, 더 맛있는

삶[人生]의 찌개를! 보글보글, 끓일 수 있다!!

한 잎 낙엽 앞에서
– 성인(聖人)

가슴에서, 하늘이 훤히 보이는! 숭숭, 구멍 뚫린 낙엽아!
나는 너를, 존경하는 최고의 반열(班列)에 올려놓는다!
우리가 그렇게 존경했던,
예수나 석가도
벌써 타락해
물거품이 된지 오래다!
다만
지금은, 눈먼 믿음으로
캄캄한 어둠 속에 살고 있을 뿐이다!
가슴에, 숭숭
구멍 뚫린 낙엽아!
이제 너는, 너의 모든 것을
다 내주고!
편안하게
온몸 낮추어, 땅과 입 맞추고 있구나!
바람에 휘날리던, 너의 그 마지막 죽음까지! 아주 촉촉한
자양으로, 땅속 저 가난한 뿌리들에게
다 나눠주고!
조용히
흙속으로, 미소처럼 스며!
저 먼먼 물소리 되어
훨훨 날다가,

또다시 목마른 자를 한없이 찾겠구나?
올 여름, 젊은 너의
가슴을
새파랗게 물어뜯던
그 작은
애벌레들이! 벌써
꽃밭에서, 얼마나 아름다운
나비가 되었는지 아는가? 가슴에서, 하늘[天]이 훤히
보이는! 숭숭, 구멍 뚫린 낙엽아! 나는, 이제 무릎 꿇고!

정녕, 너를! 최고(最高)의, 성인(聖人)의 반열에 올려놓는다!!

혼자 떠나는 가을 여행
- 내 고물자동차

활활 불타는, 저 산(山)들의 그 뜨거운 입술이!
하늘을, 파랗게 애무하는 계절! 사방에서
막 즐겁게
소리치는, 들녘의
곡식들이!
사람들의
저
행복한 땀방울과
지금, 한창 황홀하게 교미(交尾)하고 있다!
이럴 때, 이쪽저쪽에서! 한없이 터져 나오는
동그란, 과일들의
저
빨간
박수소리에!
세상이 온통, 가장
달콤하게
익어갈 무렵! 스치는 바람도 슬쩍 건드리면,
그냥 쨍그랑 깨지는 날! 느린 내 고물자동차는,

그 잘 익은 가을을! 가장, 맛있게 파먹고 있다!!

가장 존경스런 존재(存在)
– 참 이상한, 물음표[?] 하나

푸른 하늘, 저 청잣빛항아리 슬프도록 앉혀 놓고!
구름처럼 흘러가는, 우리네
그
짧은 인생!
날마다
휙휙,
지나가는
그 허무(虛無)! 오늘은
아침부터, 엊저녁 그 봄비[春雨]로! 세상 모두가
온통 초록으로, 흠뻑 취(醉)했다! 이렇게, 상쾌한
날! 갑자기 문뜩, 가장
존경스런
존재는,
과연
누구일까?
이럴 때!
영생(永生)을 먹고 사는
저 영원한 지배자, 하느님이 아니라! 왜? 하필!
날마다 슬픔을 먹고 사는, 가장

보잘 것 없는! 이 불쌍한, 나[我] 자신일까……?!

혼란스런 세상(世上)
– 이제, 온통 무질서(無秩序)다

벌써, 봄비가 하느님의 성욕(性慾)이다!
대지의, 저 아름다운
아들딸들!
양지(陽地)쪽 개나리가 피고
뒤따라,
목련이 핀다!
옛날에는
목련이, 하얗게 앞장서고!
그 다음에, 개나리가 노랗게 뒤따랐다!
그러나 요즘에는, 세상에!
나쁜 놈들이
하도, 많아서
그런지?
꽃피는, 그 황홀한 질서도!
어느새,
모두가 무너져! 봄[春]이 되면, 꽃피는
그 순서도!

이제는, 세상 따라 온통 무질서(無秩序)다!!

3부
희망(希望)의 나라

꿈꾸는 나라
― 가장 황홀한 역설(逆說)

희망 찬 그 꿈들이, 무섭게 전쟁하는 나라는!
방방곡곡에, 꽃피는
그 총(銃)소리가
황홀하다!
지나는 울타리마다,
장미꽃이
피[血] 흘리는
5월이면! 바람[風]도, 승리(勝利)의 기쁨에!
하루 종일, 풀잎
끝에서
가장 신나는 춤이다!
모든 사람들이,
천사(天使) 같은
밝은 표정으로!
이웃들을, 무차별(無差別) 공격하면! 꿈들도,
또 한 번 가장 행복한

희망(希望)으로! 어느새, 한창 중무장(重武裝)이다!!

늦가을 서정(抒情)
– 어느, 슬픈 여인의 눈물처럼

수확(收穫)을, 가장 황홀한 쾌락(快樂)으로 즐기던
저 빈 들녘도!
벌써, 희미한 서쪽 하늘[天]
그
메마른
접시 위에!
뚝 뚝
떨어지는,
낙엽(落葉)을 한없이 구걸타가!
이제 그만, 12월로 돌아서는 늦가을! 산(山)들의
그 푸르른, 정력(精力)도! 어느새
지팡이
짚고,
서 있는!
저쪽
저
쓸쓸한, 노인들의 뒷모습!
그렇게 바빴던
올 한 해[年]도, 바람에 휘날리는 낙엽과 함께!
어느, 슬픈 여인의

그 눈물처럼! 저 먼, 역사(歷史) 속으로 사라지고 있다!!

어느 늦가을 오후(午後)
- 저쪽, 텅 빈 들녘 하나

마지막 불타는, 그 단풍으로 뒷물질하고!
쌀쌀한 겨울 쪽으로, 돌아눕는
저 늦가을!
올 여름
내내,
그
뜨거운 땡볕 젖 먹여
길러온! 토실토실한, 그 많은 알곡식들!
저 불쌍한, 인간들에게
다
돌려주고!
올해도
벌써, 저쪽
텅 빈 저 들녘 하나! 눈보라
그 하얀 찬바람으로, 눈썹 그리고! 겨울,
그 쌀쌀한

남편 쪽으로! 말없이, 그만 슬쩍 돌아눕는다!!

어느 바다 풍경(風景)
– 바람이, 학(鶴)을 접다가

바다가, 지금 파란색종이로 구겨지고 있다!
바람이, 학(鶴)을
접다가
버리고
간
색종이다!
저쪽에서 갈매기
모여, 구겨진 파란색종이를 하얗게 줍는다!
이럴 때, 수평선
저 너머
하얀
뭉게구름도!
파란하늘에
지팡이 짚고 서서,
색종이 줍는 갈매기가 하도 귀여워! 옛날,

우리 할아버지처럼! 그렇게, 빙그레 웃고 계신다!!

봄이 왔어요
– 햇볕과 수분(水分)

햇볕과 수분(水分)은, 이미 짝짓기가 끝났다!
그 두꺼운 겨울 얼음장 밑에서, 졸졸거리던
고 작은 두 주먹으로!
끝까지
추위와 싸워 이긴
저 어린, 물소리가
장하다!
길거리마다
사랑에,
익을 대로 익은 그 새소리가!
기쁨에 못 이겨, 하늘 높이 주렁주렁 열렸다!
새싹들의 고 파릇한, 엉덩이가
한창
포동포동
살쪄올
무렵! 저쪽 산(山) 밑,
그 양지(陽地)쪽에서!
어린
아지랑이가 가지고 노는,
저 위험(危險)한 그 꽃봉오리들! 아무래도
오늘 오후(午後) 늦게 쯤, 우리 마을 이쪽에서!

가장 먼저, 펑~ 하고 폭탄(爆彈)처럼 터지겠다!!

하얀 이별(離別)
― 빠진, 내 머리카락 3형제

내 머리에서 빠진, 하얀 머리카락 3형제! 나란히
사이좋게, 누워있다! 밤새도록 하고 남은
이야기가,
아직도
얼마나 남았기에! 아침까지
입가에, 못 다한
이야기가
하얗게 묻어있다!
내 것이면서 내 것이 아닌, 아주 먼 존재들이여!
소중히 키운 자식들, 하나 둘! 애비 곁을 그렇게,
멀리 떠나듯! 하얀
내 머리카락
너희들도, 어서
빨리 내 곁을 멀리 떠나거라!
온기(溫氣) 있는
내 입김,
훅~ 불어 줄 테니! 하얀 구름 되어, 하얀
나비 되어! 두려움 없이, 내 곁을 훨훨 떠나거라!

내 아름다운, 영혼으로 살다가는 하얀 날개들이여!!

민족 통일의 그날
– 첫날밤, 그 짜릿한 물소리

저 무서운 그 총(銃)소리가, 졸졸거리는 그 그윽한
물소리가 되는 날!
내 조국은
또 한 번
새로운, 기적을 낳는다!
반백년도
훨씬 넘게
빨갛게 피[血] 흘리고 살아온, 우리 민족! 아직도
하늘을
자르는
칼날 같은, 저 날카로운
전투기
엔진소리!
지금 막, 귀청을
찢고 가는! 저 쇳소리가, 언제쯤? 깊은 계곡에서
졸졸거리는, 저 산(山)들의

그 달콤한! 첫날밤, 그 짜릿한 물소리로 변할까…?!

독(毒)과 약(藥)
– 가장 아찔한 선택

독(毒)은, 사람을 죽이는 동시에!
또, 사람을
살릴 수
있는 묘약(妙藥)이다!
독(毒)과
약(藥)의
차이는, 가장 아찔한 선택이다!
우리의 삶도,

언제나! 가장, 아찔한 선택이다!

요즘 세상(世上)
– 너무 까분다

요즘은, 세상이 너무나 까분다! 봄[春]은, 봄비 따라!
여름은, 소나기 따라!
세상이
너무나, 제멋대로다!
봄은
꽃피는,
그 촉촉한 아랫도리로!
여름[夏]은 짜증나는, 그 불쾌지수로! 세상 사람들을
제멋대로, 농락하고 있다!
요즘
더욱,
놀라운 것은! 아득한
그 옛날부터,
우리의 그리움을 먹고
살던, 그 환한 달빛[月光]이! 거리의 저 밝은, LED
그 불빛 때문에! 이제는,

길거리의 쓰레기! 그 못난, 친구들보다 더 불쌍하다!!

우연(偶然)히 하늘을 보다가
– 여의도(汝矣島), 그 정치(政治)쓰레기들

똥[糞]보다 더 더러운 놈들이, 가장 깨끗하게 꽃잎으로
포장된 현실(現實)! 숨어서
긴 혓바닥
날름대는
도둑고양이, 여의도(汝矣島)
그놈들!
날마다 하늘에
먹구름
시꺼멓게 떠다니는, 저쪽에!
겨우, 시퍼런 칼날만큼 살아있는 이 나라 그 맑은 하늘!
세찬, 양심(良心)의 폭풍우가
두 주먹
불끈 쥐고! 힘차게
휘둘러도
오히려, 혓바닥 쏙 내밀고!
메롱!
이렇게
빵긋이 웃고 있는, 이 나라
저 캄캄한 어둠! 하루가 무섭게, 한강의 그 물밑바닥에
자꾸 쌓여만 가는 저 시꺼먼 쓰레기들! 그것들보다,

더 무서운! 이 나라, 저 여의도 그 정치(政治)쓰레기들!!

황홀한 여름
– 어느 해수욕장에서

무더위의 가장 뜨거운 속살이, 바로 불쾌지수다!
뜨거운 햇볕이
얼굴에서
동그란, 땀방울을
한창
낳는다!
바람이 불면,
저쪽 바다냄새가! 여인들의 그 야릇한 향기처럼
묻어온다!
푸른 바다의
가장
달콤한 그 열매는,
역시 시원한
저 파도(波濤)다! 여름이 더욱 황홀한 것은, 바로
가는 곳마다! 폭발, 직전에 있는!

여인(女人)들의, 그 아찔한 탄력성(彈力性) 때문이다!!

내 고향(故鄕) 마을
– 경남 함양군 안의면 돌서리(석반) 마을

새소리, 그 긴 속눈썹에! 졸졸거리는 물소리
그 가는 손가락
끝에,
딸기밭 하나!
그
예쁜, 빨간 매니큐어!
언제나, 우리 여동생같이 얼굴이 갸름한!
동구(洞口) 밖, 작은
그
들녘 하나!
어린
새싹들이 한창
파릇파릇, 휘파람 불며 막 신나게 달려오는!
작은, 저 논두렁 밭두렁이!

꼭! 어린이, 그 낙서(落書) 같은 그런 마을!!

4부
차창 풍경(車窓風景)

가을, 차창풍경(車窓風景)
– 김밥

내 늙은 자동차, 그 느린 속도가! 가을풍경, 그 맛있는
김밥을 돌돌 말고 있다!
오곡(五穀)이
익어,
지금 한창 노랗게
소리치는
저쪽
들녘도!
오늘은, 그만
고 새콤한 노란 단무지! 저렇게 맑게 갠 하늘도
오늘은, 금방 갓 데쳐 낸 파란 시금치! 내 늙은
자동차(自動車),
그 느린
속도가!
가을풍경,
그 맛있는 김밥을
돌돌
말고 있다!
저쪽에서 오색찬란하게
휘파람불며 소풍(逍風)가는, 저 산(山)과 들녘! 오늘은

가을풍경(風景), 그 김밥 싸들고 모두들 참으로 신났다!!

5월의 초록빛 폭력(暴力)
– 내 눈[目]이, 지금 아프다

5월은, 초록빛 폭력(暴力)이다! 겨우내
무겁게 살아온, 저 산(山)과 들녘도
어느새
가볍게
날아!
사방이, 와장창 내려앉는
초록빛
발길질이다! 누워
겨우내 시꺼멓게, 코만 골던 저 논밭들도!
어느새 달려 나와
세상을,
온통 파랗게 주먹질이다!
내
앞에서,
잔인한
그 겨울이! 너무나, 비참히 죽는다!
날마다 색깔이 짙어지는, 저 눈부신
초록빛

그 폭력에! 내 눈[目]이, 지금 한창 아프다!!

신념(信念)의 기적(奇蹟)
– 자기가, 자기를 믿고 있으면

우리가, 분명(分明)히 버림받고 있을 때! 울음보다
웃음이 먼저 나오는, 이유는!
눈 뜨고 있는
자기가,
분명히
자기를
지키고
있기 때문이다! 누구나
무서운, 병에 걸렸거나 몹시 힘들고 어려울 때!
자기가 주는 자기의 믿음을, 끝까지 약(藥)으로
먹고 있으면! 죽음보다,
더
괴로운
어느 날!
갑자기,
그 무서운
병(病)과 어려움이! 정말, 아침
공기처럼 그렇게 맑고 깨끗해진다! 이것이, 바로

자기가! 자기를, 믿는 그 신념의 기적(奇蹟)이다!!

가을의 노란 알곡식
– 태양의 정력(精力)

고 작은 젖꼭지 하나가, 온몸의 쾌락을
지배(支配)하듯! 작은 태양 하나가
세상의
생명을,
지배하고 있다!
알곡식
고 하얀 속살에는, 젊은 태양(太陽)의
정력(精力)이 아직도 왕성하다! 촉촉한
물기와
뜨거운 햇볕이
한창,
신혼처럼
만나는 들녘에서! 노랗게, 임신한
가을은! 어느새, 그 동그란 아랫배에서
알곡식, 고 잘 익은

단맛이! 지금, 한창 뚝 뚝 막 발길질이다!!

한여름 무더위
– 어머니의 젖[乳]

논밭은, 한여름 무더위가 한없이 달다! 어머니의,
젖[乳]이다! 8월의 그 무더위를 먹고
푸른 논밭은
벌써,
씨앗과
열매가
포동포동하다!
파란입술, 저 호박잎도!
무더위를 먹고, 지금 뱃속에는! 어느새, 동그랗게
막 발길질하는 쌍둥이가
셋이다! 한창
짜증나는
무더위가,
알고
보면! 빨갛게
익어가는, 저 과수원(果樹園)의 젖이다!
오늘도, 땀 흘리는 무더위가! 저쪽에서, 파랗게
살찌는 저 논밭에!

뜨거운, 모성애(母性愛)의 젖꼭지를 물리고 있다!!

8월 5일
– 오전 10시쯤에

따가운 햇살이, 작은 채송화 그 꽃잎에 둘러앉아!
여름 무더위와 함께
아주
즐겁게,
손뼉 치며 놀고 있다!
이때
심술 많은
바람[風]이, 채송화(菜松花) 그 빨간 아랫도리를!
한번 슬쩍, 만지고 지나가면! 저쪽에서 걸어오던
질투심
많은,
오전(午前) 10시쯤 되는!
아주,
젊은
시간이! 화(火)를, 벌컥
낸다! 이럴 때, 저쪽 하늘은 괜히 저 혼자 좋아!
메롱~! 이렇게, 혀 쏙

빼물고! 갑자기, 시원한 소나기를 실컷 퍼붓는다!!

5월 5일 어린이 날
– 오늘은, 저 먼 하늘까지

흐르는 시간(時間)이, 세상을 온통 파랗게
물들이는 5월! 그 새파란 젊은
신록(新綠)들이,
산(山)과
들녘을! 남김없이,
초록빛으로
먹어치운다!
오늘은 아침부터
맑은 공기가, 아주 환하게 잘 닦아 놓은
유리창이다! 노란
병아리 같은,
어린이들의
행복한 즐거움들이!
웃음 속에
동그랗게
둘러앉아, 하루 종일 깔깔거린다!
오늘은, 저쪽의 먼 하늘까지 마냥 신나서!
아주, 파랗게!

한창, 즐겁게 뛰노는 어린들과 어깨동무다!!

봄(春), 그리고 어느 들녘의 질투
– 어느새

봄비[春雨]는, 남편(男便)이다! 오래간만에
찾아온, 지 들녘의
남편이다!
오늘
밤에,
가장 촉촉한
들녘은!
눈이 파릇한 새싹을, 임신(姙娠)하고 싶다!
그런데
벌써, 저 들녘
몰래!
봄비와
어느새
눈(目)이 맞은
우리 동네 저쪽, 양지쪽 앞산이! 들녘보다

먼저, 그 아랫배가! 초록빛으로 볼록하다!!

봄[春] 가뭄
– 목 타는, 이 대지(大地)에

사랑하는, 우리 하느님아저씨! 이 메마른, 대지에!
제발, 내일이나 모레쯤!
봄비
한번,
흠뻑
내려주세요?
저 어린
새싹들, 올 여름[夏]엔! 정말
가장 훌륭한, 열매와 씨앗으로 잘 기를게요!
사랑하는, 우리 하느님아저씨!
제발,
목 타는!
이
대지에,
내일이나
모레쯤! 꼭, 봄비 한번
흠뻑 내려주세요? 저 겁 없이 일렁이는, 아지랑이
그 뜨거운 촌놈을! 다시는

그렇게, 철없이! 사랑하고, 존경(尊敬)하지 않을게요!!

가을 앞에서
– 사람들의 콧노래도

벌써, 귀뚜라미가! 가을을, 맛있게 갉아먹는다!
오늘은, 아침부터! 눈으로 마시는
파란, 저 가을하늘
그 한 잔에!
나는
벌써, 몹시 취했다!
이런
날엔,
저쪽의 과수원집
사과도! 신나게, 맨발로 달려오다! 그만 발랑
넘어져, 이마가
빨갛게
깨어져도
마냥 달다! 바람에
춤추는,
풀잎들의
저 날씬한 허리도!
여름보다 훨씬, 더 요염(妖艶)하다!
들녘마다 한창 깔깔대는, 알곡식들의 저 동그란
웃음소리에! 어느새,

사람들의 콧노래도! 행복 속에, 노랗게 익는다!!

가을 소묘(素描)
- 10월 10일쯤에

하늘[天]이, 파랗게 속옷을 벗고! 혼자 사는
저 가을 산을, 빨갛게 부른다!
이럴 때
알곡식을
동그랗게
임신(姙娠)한, 저쪽
들녘이!
불타는
질투심(嫉妬心)에, 막 노랗게 눈 흘길 무렵!
산골마다
철없는
물소리, 그 녀석들!
한없이
깔깔거리고
돌아오는,
10월 10일쯤! 벌써 강원도
설악산, 그 아랫도리엔! 단풍이, 익을 대로
익어! 어느새,

성숙한 여인처럼! 단물이, 가득 고이고 있다!!

백년(百年)을 안의초등학교에 다니는 다섯 친구(親舊)
– *안의초등학교 개교(開校) 100년사(百年史) 발간 축시〈권두시〉

졸업생(卒業生) 여러분, 안녕하세요! 이렇게 모두들 만나서, 정말 반가워요! 우리는 이렇게, 100년을 늙어도! 아직도 필통(筆筒)소리 요란하게, 푸른 잎 그 파란 책가방 메고! 날마다 신나게 학교 다니는, 초등학교 1학년에요! 동쪽, 저 등 굽은 우리 느티나무 한번 보세요? 엊그제, 흰 구름 소리 내어 읽어오라는 그 어려운 숙제 때문에! 오늘은 눈부신 저 파란하늘 그 멋쟁이 우리 담임선생님을, 눈 흘기며 살짝 째려보네요! 남쪽, 플라타너스 조 하얗게 늙은 세 친구(親舊)들 좀 보세요? 저쪽 텅 빈 허공(虛空)에, 6.25때 버리고 간 탱크와! 남쪽 운동장에 홀로 살던, 노란 감나무 하나를! 저 아련한 그리움으로, 그 하얀 추억(追憶)의 도화지(圖畵紙)에 그리다가! "참 잘 그렸어요."라는, 올봄 꽃피는 봄바람! 그 예쁜, 여선생님의 칭찬 한마디에! 그만 오늘은 하루 종일 즐거운 어깨춤이, 가지마다 막 주렁주렁 열리네요! 우리는 이렇게, 어른들 세 아름씩이나 되는 그 무거운 나이테 등에 지고도! 아직도, 마냥 입술 달콤하게 떠들어대는! 100년을 하루같이, 안의초등학교에 다니는 개구쟁이 1학년 친구들이에요! 이제는, 눈물 콧물이 막 우리들 얼굴에 뒤범벅이 되어도 좋아요! 우리들 앞가슴에는, 언제나 봄비 머금은! 저 뭉게구름, 그 하얀 희망의 손수건이 달려있으니까요!!

*안의초등학교 : 경남 함양군 안의면 당본리에 있는, 100년이 훨씬 넘는 유서(由緖) 깊은 전통을 가진 초등학교. 본 시인(詩人)은, 이 학교 제43회 졸업생임.

한결고운갤러리*에서
– 군침 흘리는 달밤〈고(故) 정무길 교장선생님 추모시〉

경남 거창(居昌), 월성계곡 창선(昌善)마을 그 초입(初入)에 서면!
한결고운갤러리에서, 미소로 행복을 각(刻)하는 부부가 있어!
오늘도
물소리 바람소리[風聲]로
얼굴의 그 고운 주름살, 금붕어처럼
기르고 있다!
옛 전설 속
그 무릉도원(武陵桃源)도
여기 오면,
질투(嫉妬)할 만큼 아름다운 정원(庭園)! 그 연지(蓮池) 옆, 예쁜
물오름재(齋)에
앉아! 눈[目]으로, 파란
하늘[天]
불러와!
흰 구름 그 동동주에 흠뻑 취(醉)해
보는, 삶의 그 여백(餘白)!
두물머리
물굽이도 길게 목을 뽑아, 갤러리 그 촉촉한 속살을 슬쩍
훔쳐보며 군침 흘리는 달밤! 누구나 여기 와, 그 황홀한 겨울
설경(雪景) 한번만 맛보면! 참으로, 그 답답한

세상 이야기! 그만, 저 멀리 다 팽개치고! 바로, 신선(神仙)이 된다!!

*한결고운갤러리 : 유명한 조각가, 고(故) 정무길 교장 선생님의 갤러리.
　　　　　　　현재, 경남 거창군 북상면 창선마을 그 초입에 있음.
　　　　　　　그분이 남긴 불후의 그 많은 명작들도 전시되어 있음.

오직, 진실(眞實) 하나
– 80평생(平生) 내 생애(生涯)

내가 80평생 살아온 동안, 가장 위대하게 남긴
업적(業績)은! 지금, 내 손자손녀들이 모여
온 집안이 날아갈 듯
깔깔대는!
저 행복한, 웃음소리 하나뿐이다!
나머지는
젊을 때,
아랫도리 그렇게 뜨거웠던 돈!
그녀와는, 입술 한번 가까이 한 적이 없었고!
늘, 속눈썹 긴 가난이! 아내의
한숨보다
더 아름다웠다!
권력(權力)은, 나하고는 거리가
멀어! 그쪽은
아예,
있는지도 몰랐다! 지나온
명예는, 늙을수록 너무 야비하고 부끄러웠다!
내 생애의 전(全) 재산은, 오직 저 푸른 하늘이!
평생(平生),

내 친구였다는! 저 빈털터리, 그 허공 하나뿐이다!!

오도령(悟道嶺)[*] 영신각(靈神閣)에서
— 정결한 정화수(井華水)처럼

신령(神靈)님! 당신 앞에 놓인
그 정결한,
정화수(井華水)처럼!
저도
꼭,
그렇게
살겠습니다!
정화수 속에 비친, 그 해맑은
하늘이!
언젠가는
제
마음
속에도, 비치기를!
이렇게
간절히, 당신 앞에 무릎 꿇고!
깊이

눈감고, 경건히 두 손 모아봅니다!!

병원(病院)에서 돌아와 얼마 안 된, 2012.10.18 오전 10:51에,
오도령 영신각 신령(神靈) 앞에서 기도하면서.

*오도령: 경남 함양에서 지리산으로 넘어가는 첫 관문의 높은 재,
바로 그곳에 지리산 산신을 모신 영신각(靈神閣)이 있음.

류재상(柳在相) 묘비
– 영원한 사랑

고 작은 먼지 한 알까지, 사랑했던!
5천 편이 넘는, 그 많은,
내 시(詩)와
함께!
이렇게 가장 황홀한
무(無)의,
나라에 와!
내가 살았을 때, 그렇게 날마다
꿈처럼 사랑했던! 내 아내, 海里
양정숙을!
다시,
하늘에서 만나! 저쪽,
저 허공의
주례(主禮)로! 우리는 지금,
살았을 때 그때와 똑 같이! 다시,
결혼해! 이제, 꿈이 영원히

흐르는! 가장, 달콤한 신혼(新婚)이다!!

2009.7.7.(음5.9).15:03〈내가 세상에 태어난 시각〉. 65세 노인이 되는,
그 첫 생일날에
류재상 양정숙 씀.
사랑하는 내 아들 용아. 내 딸 선아. 지아에게
−아빠, 엄마가 가장 행복하고 황홀하게 이 묘비를 썼단다.
죽은 다음에도 꼭 아빠, 엄마가 살았을 때처럼 함께 있게 하라. −

*여기에 있는 글자를 단, 한자도 빼놓지 말고 그대로 내 묘비에 쓰라.
이를테면 쓴 날짜, 시간, 아들딸 이름, 괄호 모두다.

평설

포정해우(庖丁解牛)의 시인 류재상
-시집 '삶의 여백' 해설-

우종상(문학박사 · 교수 · 문학평론가 · 시인 · 수필가)

1. 들머리

『장자(莊子)』내편(內篇) 양생주(養生主)에 나오는 '**포정해우(庖丁解牛)**'란 말은, 춘추전국시대 제(齊)나라 양혜왕(梁惠王, BC 370-319 재위)의 주방장인 **포정(庖丁)**이 능숙한 솜씨로 '**소를 해부한다**'는 뜻인데, '**포정해우(庖丁解牛)**'는 어느 분야에서 든 신기(神技)에 가까울 만큼 솜씨가 매우 뛰어난 것을 가리킨다고 한다. 아울러 위의 고사(故事)에서 '**긍경(肯綮)**'이란 말이 나왔는데 '**긍(肯)**'은 소의 뼈에 붙은 살이요, '**경(綮)**'은 뼈에 붙은 힘줄로 사물의 가장 중요한 곳을 말한다고 하는데, **류재상** 시인의 시에서는 군더더기 하나 없이 **시어(詩語)의 긍경(肯綮)**으로 사상(思想)과 정서(情緒)가 표출되어 있다.

류재상 시인은 언어의 기교(技巧)로, 언어에 생기(生氣)를 불러일으키는 가장 탁월한 시적 능력을 가졌다. 언어의 가장 영롱하고 순결한 에센스(essence)를 유려(流麗)한 운율의 시어(詩語)로 재련(再鍊)하여,

감춰진 언어의 비밀스럽고 은밀한 내면까지 독자들이 느끼게 한다. 범상(凡常)한 시어들도 그의 시에서는 낯선 생명력을 가지고 **비범(非凡)하게 표상되고 있음은, '시어(詩語)의 긍경(肯綮)'을 포정(庖丁)과 같이 자유자재로 사용할 수 있기에 가능하다고 할 것이다. 곧 장자(長子)는 도(道)로써 삶의 진리를 깨우치듯, 류재상 시인은, 시(詩)로써 우리에게 삶의 길을 알려주고 있다.**

43번째 저서(著書))상재(上梓), **'시 5,000여 수'** 자체가 **류재상** 시인의 삶을 오롯이 상징하고 있음은 주지의 사실이다. **그의 생(生) 자체가 '시(詩)'와 같이 하였다는 증거다.** 그의 삶 자체가 바로 그의 시(詩)라고 할 때, 그를 workaholic이라고 지칭하여도 모자람이 없지 않을까? 시에 대한 poemholic의 삶을 치열하게 언어와 함께 살아온 그에게, 시(詩) 이외의 다른 삶은 **부수적(附隨的)**이었을 것이다.

자연과의 진지한 교감을 통해 자연의 이치(理致)를 통찰하고 있기에, 그에게 **'자연은 바로 시인 자신이며 시인이 곧 자연'**이라는 등식이 성립된다고 본다. 무심히 스쳐 지나가는 바람소리와 풀잎에 맺힌 이슬방울 속 그 영롱한 작은 무지갯빛 하나하나까지 섬세하게 느낄 수 있는, 자연을 유별나게 사랑하는 시인이다. 그리고 **류재상** 시인의 시를 이루는 축(軸)은, 크게 **자연(自然)**과 **신(神)**과 **인간(人間)**에 대한 사랑으로 보아야 그의 시(詩)를 여는, 키워드(key word)가 된다고 하겠다. 결국 **'자연과 신과 인간이, 시인(詩人)의 영혼(靈魂) 속에서 하나로 합일(合一)'**되는 그 놀라운 감동(感動), 이것이 바로 **류재상** 시(詩)의 **비밀(秘密)**의 열쇠다.

북송(北宋)의 시인인 임포(林浦, 967-1028)가 서호(西湖)에 은거하며 매화를 아내로, 학을 아들로 삼아〈梅妻鶴子〉풍류를 즐기며 살았다는 고사(故事)는, 시공을 초월하여 오늘날 **류재상** 시인의 시에서 다시 느낄 수 있음은 크나큰 **안복(眼福)**이라 할 수 있다.

자연(自然)과 자아(自我)의 일치, 곧 **'물아일체(物我一體)'**의 경지를 터득한 시인의 시적 경지를 필설(筆舌)로 표현하는 것 자체가 바로 **언어도단(言語道斷)**이다. 문학(文學)이 인간의 정서를 언어로 표현한 언어예술이라면, 그 중에서 시(詩)는 인간의 정서와 사상을 운율적인 언어로 압축하여 형상화한 언어예술의 진수(眞髓)다. **류재상** 시인의, 시에 대한 각별한 사랑은 오직 **아가페(agape)적인 사랑이다.** 시를 **'친자(親子)와 같이 사랑'** 하는 그 뜨거운 애정(愛情)은 그 누구도 함부로 본받을 수 없기 때문이다. 언어를, **살아 움직이는 새로운 언어로 재창조하는 그의 열정**은, 타고난 재능과 각고면려(刻苦勉勵)의 결정체라 할 수 있다.

　시집 『**삶의 여백**』은 시인의 일상생활 중에서 깨달은, 삶의 진실을 밝히고 있다는 점을 주목해야한다. 그것은 보는 각도와 시점이 다를 뿐, 우리 모두가 함께 공감(共感)하는 **삶의 정서(情緒)**들이기 때문이다.

기적은, 현실 속에서는 불가능이다! 저 놀라운, 종교적
기적은! 참으로 오랫동안, 우리 인간의 종교적인 꿈과
상상력(想像力)이 꾸며낸! 가장 감동적인
허구적, 신화(神話)다!
그러나 시는, 다르다!
시(詩)는, 사실적인 언어의 기적이다!
이 언어의 기적이, 바로 우리의 정신적 기적이다!
나는, 시력 50여 년 동안! 5천편 이상의 시를 써오면서
나의 영혼과, 자연이
하나로 일치
되는! 가장 황홀한 정신적
기적(奇蹟)을,
수 없이 경험한 시인(詩人)이다! 시인은

언어의 기적을 믿는, 성직자다! 우주의 모든 존재의
궁극이, 언어다! 이 세상은 전부가, 언어
속의 존재다!
언어를 벗어난 존재는, 단
하나도 없다!
신(神)도, 신이라는 언어(言語)를
절대(絶對)로 벗어날 수 없다! 우리 인간의 가장 위대한
진실은, 인간의 언어가 바로, 우주를 창조한 하느님!
즉, 신(神)이라는 사실이다!
이렇듯, 존재의 궁극이 언어요!
그 언어의, 궁극이
바로 시다! 따라서
시는, 언어를 창조(創造)하는 언어의 신이다!
나는 이 언어의 신을 믿는, 성직자(聖職者)다! 존경하는,
독자(讀者) 여러분! 이 시집 속에서, 인간의 영혼과 자연이
하나가 되는!

이 정신적, 황홀한 언어의 기적을 경험하시기 바랍니다!!

–〈서시〉「언어의 기적」전문–

「**언어의 기적**」이란 서시(序詩)에서 **류재상** 시인의 창작의도(創作意圖)를 짐작할 수 있는데, '**인간의 언어가 창조주 하느님**'이라는 등식(等式)과, 언어의 사실적인 '**기적(奇蹟)이 곧 시(詩)**'라는 시인의 주장에, 혹자는 당혹감(當惑感)을 느낄지 모르나, 시에 대한 시인의 절대적인 **경외심(敬畏心)**을 여기서 느낄 수가 있다.

류재상 시인의 시(詩)에서는, 은은하게 풍겨오는 알싸하고 상큼한 독자의 기분을 참 묘하게 사로잡는 그런 이상한 **향기**가 있다. 그의 시

를 읊조리면 알게 모르게 피톤치드(fitontsid)와 같은 그런 신선한 언어의 향기를 느끼게 되는 것은, 곧 **'자연(自然)과 신(神)과 시인(詩人)의 영혼(靈魂)이 하나로 합일(合一)'** 되어, 시(詩)로 완숙(完熟)된 그런 **향기(香氣)**가 아닐까? 그의 시를 읊조리면 명(明)나라 진익상(陳益祥)의 「잠영록(潛穎錄)」에 나오는 다음 구절의 뜻을 체득하게 됨은 우연의 일치일까.

山中覺此身不可無(산중각차신불가무) : 산중에서 이내 몸이 소중한 존재임을 깨닫고,
城郭中視此身爲贅(성곽중시차신위췌) : 도시 속에서 이내 몸이 쓸 데 없음을 보게 된다.

그렇다! 그의 시(詩)가 내포하고 있는 의미는 자연과의 교감을 통하여, 자연 속에서 진가(眞價)를 더욱 발휘하고 있다. 자연은 **류재상** 시인의 시에서 가장 **'중심적 제재(題材)'**로 자리 잡고 있기 때문이다.

'유물론(唯物論)과 유심론(唯心論)의 합일'이 그의 시를 이해하는 단초(端初)가 된다고 볼 때, 그의 시에서는 자연의 미세한 현상과 소리까지도 의미 있는 생명력을 가지고 독자 앞에 드러남은, 시(詩)가 가진 **무한한 생명력** 때문이 아닐까. 시어(詩語)에 생령(生靈)의 기(氣)를 불어넣어 생명력 넘치는 **언어의 향연(饗宴)**은, 류재상 시인의 탁월한 능력인 동시에, 또한 인간과 신과 자연이, 시인(詩人)의 영혼(靈魂) 속에서 시〈言語〉로 합일(合一)될 수 있는, **'연역법적(演繹法的)'**인 증거(證據)이기 때문이다.

2. 몸말

시는 운율(韻律)과 심상(心象)으로 옷을 입히고, 시적화자(詩的話者)의 서정의 목소리로 의미를 가지는 문학의 한 양식이다. 운율과 심상은 함축적인 시의 형식을 구성하고, 시적화자의 목소리는 독백과 같이 내면의식(內面意識)을 담아 독자에게 다가가 하소연하거나, 혹은 독백조로 읊조리거나 한다. **류재상** 시인의 시에서도, 언어예술인 시를 통해, **언어적 삶의 상쾌한 쾌락적 향유**와 시어(詩語)의 그 **달콤한 쾌감(快感)**으로, 세파(世波)에 찌든 현대인들에게 **'생활의 새로운 활력'**을 제공하고 있다.

류재상 시인의 절제된 시어가 빚는 세밀한 언어 표상(表象)에는, 세계(世界)와 사물(事物)이 아주 다양한 뉘앙스(nuance)로 표출된다. 특히 **류재상** 시인이 즐겨 쓰고 있는, 조선 후기의 화가(畵家) 혜원 신윤복의 **'춘의(春意)를 머금은 농염(濃艶)한 서정(抒情)의 차용(借用)'**은, 그의 시에서 빼놓을 수 없는 **'흥미로움'**이라 하겠다. 자연의 서경(敍景)과 마음의 서정(抒情)이 파스텔(pastel)과 같이 아름다운 풍경으로 마음에 그려짐은, **류재상** 시의 **'특징적 개성(個性)'**이라 할 수 있다. **류재상** 시인이 시어(詩語)의 선택과 조탁(彫琢)에 마지막까지 혼신(渾身)을 다한다는 확신(確信)은, 그의 **'시 5,000여 수'**가 묵언(黙言)으로 증명하고 있다.

시집 『**삶의 여백**』은 제1부 〈빨간 복숭아 하나〉 외 18편, 제2부 〈참하늘 맑은 날〉 외 16편, 제3부 〈희망(希望)의 나라〉 외 12편, 제4부 〈차창 풍경(車窓風景)〉 외 13편 등, 전(全) 4부 59편의 시로 구성되어 있다. 여기에서는, **류재상** 시인의 시적특징(詩的特徵)이 가장 잘 표출된 시들만 뽑아, 그의 시를 심도(深度) 있게 살펴보기로 하겠다.

제1부 〈빨간 복숭아 하나〉에서, **류재상** 시인 **'특유의 감각적'**인 시(詩)가 나온다.

비~ 비~ 하는, 비비새 암컷의 목소리가 젖을 대로
젖는다!
비쭉비쭉하는, 수컷의 아랫도리에
벌써 빨갛게
불이 붙었다!
양지쪽에
내려앉은,
햇살의 고 따뜻한 애교가!
오늘도, 만점(滿點)이다! 아침저녁, 코끝에 닿는
그 상큼한 공기(空氣)의
맛이 더욱
달콤하고!
앞산 어린
물소리의
엉덩이에, 날로 살이 통통하게
오른다!
저쪽 건너편 냇가에, 한창 물오른 저 수양버들!
왠지? 나를, 바라보는!

그녀의, 그 파릇한 눈빛이! 어쩐지? 심상(尋常)치 않다!!

〈춘분(春分) 무렵〉전문

위의 시에서 인간 생존본능의 근원인 에로스(eros)를, **'춘흥(春興)에 겨운 춘심(春心)의 발로'** 로 느낄 수 있을 것이다. 무르익을 대로 무르익은 감미로운 봄날의 **서경(敍景)과 자연의 서정(敍情)**을, 시인은 감성의 눈으로 섬세하게 포착하여 묘사하고 있다.

만화방창(萬化方暢)한 봄날, 따뜻하게 불어오는 나른한 봄바람은 잠자는 생명들을 깨우고, 봄을 노래하는 비비새 암컷의 목소리가 어느새 춘흥(春興)에 겨워 촉촉이 젖어오면, 수컷의 아랫도리에 불이 붙는다는 감각적 표현은 우리의 삭막한 정서를 사로잡아, 삶의 아름다움을 더 한번 찾아주는, 아마 범인(凡人)들로서는 상상(想像)할 수도 구사(驅使)할 수도 없는 **'촌철살인(寸鐵殺人)'** 의 경지(境地)라 할 수 있다. 게다가 양지쪽 따스한 햇살을 봄의 애교로 보았으며, 겨우내 얼음장을 뚫고 이제 막 흐르기 시작한 그 개울물소리의 엉덩이에 살이 통통하게 오른다고 하는 이 놀라운 **감칠맛 나는 표현**도, 청각적 심상을 시각적 심상으로 환치(換置)하여, 물소리를 살아있는 의인체(擬人體)로 표현한 이 **'공감각적인 표현'** 에는, 그만 입이 딱 벌어질 정도다.

류재상 시인의 눈은, 자칫하면 스쳐 지나치기 쉬운 자연현상의 순간 순간을 아주 예리하게 포착하여 이미지(image)화시켜, 살아있는 시어로 환치(換置)할 수 있음은, 류 시인만이 가능한 **시적감각(詩的感覺)** 이다. 그리고 **류재상** 시인은 시의 형식도 독보적으로 개발하여, 문장부호 **쉼표(,)** 와 **느낌표(!)** 그리고 **물음표(?)** 를 아주 적절하게 사용하여, 지금 한창 호흡하며 살아 움직이는 시(詩)를 만듦은 물론, 가장 한국적이고 동양적인 여유와 멋인 시의 **여백(餘白)** 을 동양화의 화폭(畵幅)처럼 만들고, 우리들 삶의 근본이치(根本理致)인 시(詩)의 그 **균형과 조화**, 그리고 **'한 줄의 마지막 연(聯)'** 으로, 작품 전체의 주제(主題)를 집약시켜, 마지막 마무리까지 그 작품의 감동(感動)을 지속시키기 위해, 느낌표 **'두 개[!!]'** 로 화룡점정(畵龍點睛)을 찍는, 가장 독특한 **개성적 작법**(作法)으로, 한국문학사(韓國文學史) 최초로 시의 형식을 새롭게 **디자인 (design)** 하여 **'자기 브랜드(brand)화'** 시켰다.

위의 시에서 냇가에 아무렇게나 핀 수양버들이 봄바람에 흔들리는 모습에서, 마치 시인을 유혹하는 자연의 **욕정(欲情)** 으로 느끼고 있음은, 봄기운에 생동하는 자연과 자연에 취(醉)한 시인과의 감정적 소통에서만 가능한 표현이다. 문자나 말로써 전하는 것이 아니라, 마음에서 마음으로 전하고 느끼는 오도(悟道)의 뜻을 가진 **'불립문자(不立文字)'** 의 경지를 마지막 연에서 느낄 수 있음도, 시인의 의도적인 배려일 것이다. 춘분(春分)은 이십사절기의 넷째이며 밤과 낮의 길이가 같은 날이라고 한다. 경칩(驚蟄)과 청명(淸明) 사이에 있으며 양력 3월 21일 경에 해당된다고 하겠다.

무르익어 가는 봄기운 속에 **'춘심(春心)과 춘흥(春興)의 절묘한 조화'** 가 빚어놓은 한 폭의 소묘(素描)와 같은 시에서 **'점·선·여백'** 이 빚은, 동양화풍(東洋畵風)의 **〈춘분(春分) 무렵〉** 이 주는 봄의 흥취를 마음껏 만끽할 수 있음은, 시가 주는 크나큰 **축복(祝福)** 이다. 흔히 우리 문학의 특징은 한(恨)과 애상(哀傷)이라고 할 때, 전통적 우리 시가(詩歌)에서 봄은 애상적 제재로 주로 쓰였다. 그러나 **류재상** 시에서는 아주 새롭게 **발라드(ballade)하고 경쾌한 시(詩)로 만날 수 있어**, 우리는 봄이 주는 순수함과 따스함을 이 작품에서 또 한 번 마음껏 즐길 수 있어, 그 얼마나 행복한 즐거움인가.

이렇게 **류재상** 시인의 시는, **'시(詩)'** 가 음악과 미술의 영역까지 함께 아우를 수 있다는 것을 여실히 보여주고 있다. 결국 문학 장르인 시(詩)가 고유한 영역을 벗어나 다른 예술과 조우(遭遇)하여 언어의 경계를 허물어, **읽는 문학에서, 듣고 그릴 수 있는 새로운 문학으로의 전이(轉移)** 도, 작가의 능력으로 가능할 수 있다는 실증(實證)을 보여주고 있다. 또한 작품마다 **'부제(副題)'** 를 달아, 독자들로 하여금 작품의 주제를 더욱 선명하고 용의하게 하려는, 시인의 그 섬세한 깊은 배려가 참으로 위대하게 돋보인다.

시인은 **"푸른 생명이, 흘러넘치는 5월에! 새 한 쌍이, 나란히 날개를 편다! ......웬지? 날갯짓하는, 하늘이 꿀맛보다 더 달다!"** 라는 그의 시 (詩) **〈행복(幸福)〉** 에서는, 새 한 쌍이 비상(飛翔)하는 모습을 보고 꿀맛보다 더 단 행복에 잠긴다고 하였으며, 〈**덕유산에 오르는 날**〉에서는, '**단풍과 햇볕과 하늘과 친구**' 하여 덕유산에 오르며, '**구름에 싸인 저 향적봉**'을 첫날밤 신부(新婦)로 만들고 말겠다고 하였으니, **자연과 완전히 동화(同化)된 시인(詩人)임을 여실히 보여주고 있다.**

    고독은, 내 친구예요! 꽃을 보고, 기쁨을 요리할 때나!
    그 많은 아픔과 죽음을 보고, 슬픔을 요리할 때에는!
    늘, 고독
    그 친구는 나와 함께 있어요!
    아침마다 돈으로
    얼굴을
    누렇게
    세수하는,
    요즘 세상에! 바람처럼
    막 사방으로 흔들리는
    뼈 없는
    친구들이, 그 얼마나 참 많나요?
    내 친구 고독(孤獨)은요, 저 높은 지조와 절개를!
    이 세상에서, 가장 눈부신 보석으로 알고 있어요!
    요즘 같은 세상에, 고독 그 친구
    참으로
    웃기는 친구지요! 혹
    의심(疑心)나면? 요즘
    실업자가
    된,
    저 불쌍한
    하느님한테 한번
    물어보세요? 하루는요 고독,

내 친구
그녀석이! 그만 어쩌다? 달콤한, 내 시(詩)에 흠뻑
취해! 올봄, 꽃을 데리고 오시는! 저쪽에 일렁이는
아지랑이 그녀가! 바람난

자기의, 여동생이라나 뭐라나? 꽤나, 참 횡설수설하네요!!
〈 시인(詩人)의 친구(親舊)〉전문

시인에게 친구는 누구일까? 놀랍게도 위의 시에서 시인은 '고독(孤獨)은 내 친구예요'라고 고백하고 있다. 이 시에서 간과(看過)할 수 없는 것은, **류재상** 시인은 경어체(敬語体) 중에서 상대 높임법의 하나인 **'해요체'**의 표현을 사용하여 독자와 서술자인 시인과의 거리를 의도적으로 가깝게 하고 있다. 그것은 곧 독자(讀者)를 배려하는 **시인의 따스한 인간미**를 보여주고 있다. 현대인의 특성 가운데 하나가 **'군중 속의 고독'**이라고 하지 않는가? **류재상** 시인은, 시인(詩人)에게 있어 고독(孤獨)이야말로 참된 친구이고, 고독(孤獨) 속에서 잃어버린 자아(自我)를 보다 창조적으로 찾고 있음을 알 수 있다.

Solitary man으로서 시인의 고독(孤獨)은 생활의 일부분이며, 그의 고독은 마음의 눈을 띄우게 하는 진솔(眞率)한 사색의 원천이고, 아울러 시적자양분(詩的滋養分)이 된다고 할 것이다. 그의 시적인 주제가 농축되어있는 마지막 행 **'올봄! 꽃을 데리고 오시는, 저 따뜻한 아지랑이/그녀가! 바람난//자기의 여동생이라 뭐라나, 꽤나 참 횡설수설하네요'**에서 시인의 친구인 고독(孤獨)이, 저토록 봄기운 짙어오는 아지랑이를, 자기의 바람난 여동생이라고 하는 표현에서는, 고독 속으로 깊이 침잠(沈潛)하여, 자아(自我)와 자연(自然)의 구분이 없는 완전히 **동화된 합일(合一)의 경지(境地)**를, 참으로 실감나게 보여주고 있다. 봄기운으로 인한 대지(大地)의 따스한 기운이 마치 하늘로 비상(飛翔)하는 것과 같은 대기(大氣) 속의 과학적(科學的) 현상을, 시인(詩人)은 놓치지 않고 포착하여, 바람난 여동생으로 의인화(擬人化)한 것은 그야말로 '**화룡점정(畵龍點睛)**'의 묘수(妙手)라 하지 않을 수 없다.

조병화는 고독하다는 것을 정의하면서 '**소망과 삶과 그리움이 남아 있다는 증거이며, 보이지 않는 곳에 아직도 너**〈삶의 의지와 사랑〉**를 가지고 있다고**' 하였다. 추상적인 고독의 정의이지만, 시인의 눈에는 시인 나름의 가치관이 있기에, 각 시인의 메시지는 확연히 구분된다고 하겠다.

류재상 시인은, 현대의 과학물질문명의 부작용(副作用)으로 발생한 현대인의 가장 큰 고민(苦悶)인 '**소외(疏外)**'와 '**고독(孤獨)**'의 문제를, 오히려 현대문명의 위기를 극복할 수 있는, 가장 **유일한 찬스(chance)**로 보고, 소외나 고독 속에 숨어 있는 인간의 그 엄청난 **부정적 에너지**를, 보다 **생산적 창조적인 긍정적 에너지**로 계발하여, 현대문명의 이 **살인적(殺人的)**인 위기를 극복하는 동시에, 우리 인간이 21세기에는 **새로운 삶의 우주(宇宙)**를 개척하는 **계기(契機)**가 될 수 있다는, '**혁명적 대안(代案)**'을 제시하여, 가슴 답답한 독자(讀者)들을 가장 아름다운 **삶의 긍정적 세계, 즉 창조적 삶의 세계**로 인도(引導)하고 있다.

제2부 〈**참 하늘 맑은 날**〉 외 시편들 중에서는 순결, 신성, 청정을 상징하는 화중군자(花中君子)인 **연꽃**(lotus)에 관한 시가 돋보인다.

스스로, 제 뜨거운 가슴에서! 빛[色]을
내고, 열을 내는
저 신비한
꽃!
더러운

곳에서
일어나는, 가장 깨끗한
혁명(革命)!
꽃의
의미보다,
더
고결(高潔)하게
피어나는 절정의 순간! 바람[風]도
감히,

향(香) 거느린! 당신을, 흔들지 못한다!!
    〈연꽃〉전문

  수생식물인 연꽃이 가슴에서 빛을 내고 열을 내며 더럽고 혼탁한 흙탕물 속에서도 더러움에 물들지 않고, 오히려 더 화려한 자태를 드러내는 연꽃의 그 고결한 아름다움을, 깨끗한 **'혁명(革命)'** 이란 은유(隱喻)로, 속세에 찌든 인간들의 헛된 욕망을 경계하고 있다. 바람도 연꽃을 흔들지 못한다는 그 고아(高雅)한 자태에서, 더 이상 연꽃의 예찬은 무의미하다. **염화시중의 미소(微笑)**를 시(詩)로써 재현한, 〈연꽃〉에서, **류재상** 시인은 연꽃의 개화(開花)의 절정(絶頂)을 **'이심전심(以心傳心)'** 의 의미구조로 묘사(描寫)하고 있다.

  류재상 시인의 스승이신, **미당 서정주(徐廷柱)**의 시에, 연꽃에 관한 시가 많이 보인다. **류재상** 시인을 문단에 추천하여 등단하게 한 분이 바로 **미당(未堂)**이라면, 그의 **'시세계'**와 부관하지 않을 것이다. 우리의 인간은 항상 아쉬움을 남기며 산다. 미련(未練)은 오직 인간만이 가지는 심성으로, 인간관계에서 헤어질 때는 항상 뒤를 돌아보게 마련이다. 체념보다 애틋한 아쉬운 마음으로 후일을 기약하는 것이, 바로 **'연꽃을 만나고 가는 바람'과 같은 것이라고 **미당(未堂)**은 그의 시에서 말하고 있지 않는가.

류재상 시인의 시들 중에는, 꽃에 관계된 시어(詩語)들이 많이 보인다. 꽃의 의미를 삶의 깨달음으로 상징하는 동시에, 또 **류재상** 시인은 개나리꽃·진달래꽃·능소화·노란 들국화 등의 꽃들을 통하여 **시심(詩心)을 더욱 정화(淨化)**시키고 있다. 이것은 그의 '**시정신(詩精神)**'이 흙탕물 속에서도 고결(高潔)한 자태를 잃지 않는 연꽃의 속성(屬性)과 같다는 증거(證據)다.

제3부 〈희망(希望)의 나라〉 외의 작품에서는, 특히 그의 각별한 **애향심(愛鄕心)**을 엿볼 수 있는 시가 보인다.

새소리, 그 긴 속눈썹에! 졸졸거리는 물소리
그 가는 손가락
끝에,
딸기밭 하나!
그
예쁜 빨간, 매니큐어!
언제나, 우리 여동생같이 얼굴이 갸름한!
동구(洞口) 밖, 작은
그
들녘 하나!
어린
새싹들이 한창
파릇파릇, 휘파람 불며 막 신나게 달려오는!
작은, 저 논두렁 밭두렁이!

꼭, 어린이 그 낙서(落書) 같은 그런 마을!!
〈고향(故鄕) 마을〉전문

시가 짧은 형식의 단형시인가 호흡이 긴 장형시인가가 중요하다기보다는, 시인의 시적 '**정서**' **와** '**사상**'이 얼마나 농축되어 잘 나타나느냐가, 더 중요한 좋은 시의 잣대다. 형식보다 내용에 우선하는 기준이 문학의 평가 기준이 되어야지, 시의 형식이 장형이냐 단형이냐가 문학의 평가의 기준이 될 수는 없을 것이다. **류재상** 시의 특징 중 하나는 대체로 장형의 시보다는 **단형의 시(詩)**로써, 의미의 압축과 운율의 절조(絶調)가 가장 돋보인다. '**췌사(贅辭)가 삭제된 간결한 문체**'에, 단아한 문장이 주는 시적(詩的) 의미구조가 **단연 압권(壓卷)**이다.

시인의 고향은 경상남도 '**함양군 안의면 봉산리 석반(石盤)**' 이라고 한다. 문화 류(柳)씨의 선대조인 반곡(盤谷)어른께서, 1498년(연산군 4년)의 무오사화(戊午士禍)를 예견하고 낙향(落鄕)하여 삶의 터를 잡고 심었다는, 큰 '**반송(盤松)**'의 흔적이 지난 세월의 무상함을 말하고 있다. '**석반(石盤)**'을 돌[石]의 성스러운 기운, 즉 서기(瑞氣)가 서려 있는 고을이라 하여 흔히 '**돌서리**'라고 부르는데, 지금도 문화 류씨의 재실인 '**동양재(東陽齋)**'가, 마을을 **당당히** '**5백여 년**'을 지키고 있다.

흔히 고향에 대한 향수를 노스탤지어(nostalgia)라고 하는데, **류재상** 시인의 고향에 대한 각별한 사랑은 그의 시를 통해 절절한 '**애향심(愛鄕心)**'을 느끼게 한다. 사람들은 누구나 어린 시절에 대한 그리운 정서를 추억의 장(場)에 잘 간직하며 일상(日常)을 살아가고 있다. 고향은 현실을 살아가는 사람들에게 영원한 동경의 세계이며, 삶에 지친 현대인들에게 위안을 주는 **영혼의 휴식처다**. 시대를 초월하여 항상 마음속에는 어릴 때의 꿈이 오롯이 배인 고향을 그리워하는 것은 누구나 **인지상정(人之常情)**이다.

비단 **류재상** 시인에게서 뿐만 아니라, 우리의 문학에서는 모든 장르를 불문하고 **'향수(鄕愁)'** 를 중요한 제재로 다루고 있음은 명약관화(明若觀火)한 사실이다. **류재상** 시인도 시각적 이미지를 차용하여 산자락에 포근히 안겨 있는 고향 **'석반(石盤) 부락'** 을 다정다감한 시선(視線)으로 묘사하고 있다. 그림을 보듯 선명히 독자의 눈에 떠오르는 농촌의 서경이 마치 손에 잡힐 듯이 정겹다.

새소리의 지저귐을 예쁜 긴 속눈썹에 비유하였고, 작은 딸기밭을 빨간 매니큐어로 은유하였으며, 동구 밖 작은 들판을 얼굴이 갸름한 예쁜 여동생으로 비유하여, 고향 풍경을 아주 기발하게 그려내고 있다. 더구나 마지막 연에서는 이리저리 뻗어있는 논두렁과 밭두렁을 **'어린이 낙서(落書)'** 라는 직유를 사용하여, 더욱 실감(實感)나게 묘사하고 있음은, 시인의 탁월한 언어감각을 볼 수 있다. **명작(名作)의 위대함은 불멸의 광휘(光輝)로, 명리(名利)와 세속(世俗)에 찌든 인간의 마음을 더욱 맑고 깨끗이 정화(淨化)시켜 주기 때문이다.**

우리가, 분명(分明)히 버림받고 있을 때! 울음보다
웃음이 먼저 나오는, 이유는!
눈 뜨고 있는
자기가,
분명히
자기를
지키고
있기 때문이다! 누구나
무서운, 병에 걸렸거나 몹시 힘들고 어려울 때!
자기가 주는 자기의 믿음을, 끝까지 약(藥)으로
먹고 있으면! 죽음보다,
더

괴로운

어느 날!

갑자기,

그 무서운

병(病)과 어려움이! 정말 아침

공기처럼 그렇게 맑고 깨끗해진다! 이것이, 바로

자기가! 자기를, 믿는 그 신념의 기적(奇蹟)이다!!

〈신념(信念)의 기적(奇蹟)〉전문

제4부 〈차창 풍경(車窓風景)〉 외의 작품에서는, 위의 시(詩)처럼 그의 생(生)에 대한 신념(信念)을 잘 표출하고 있는 작품이 특히 돋보인다.

내가 80평생 살아온 동안, 가장 위대하게 남긴

업적(業績)은! 지금, 내 손자손녀들이 모여

온 집안이

날아갈 듯

깔깔대는!

저 행복한, 웃음소리 하나뿐이다!

나머지는

젊을 때,

아랫도리 그렇게 뜨거웠던 돈!

그녀와는, 입술 한번 가까이 한 적이 없었고!

늘, 속눈썹 긴 가난이! 아내의

한숨보다

더 아름다웠다!

권력(權力)은, 나하고는 거리가

멀어! 그쪽은

아예,
있는지도
몰랐다! 지나온
명예는, 늙을수록 너무 야비하고 부끄러웠다!
내 생애의 전 재산(財産)은, 오직 저 푸른 하늘이!
평생(平生),

내 친구였다는! 저 빈털터리, 그 허공 하나뿐이다!!
〈오직, 진실(眞實) 하나〉전문

 류재상 시인이 생각하는 **행복(幸福)**이 무엇인지를 잘 표현하고 있다. 그에게 있어 **'돈과 명예와 권력'**은 하나의 장식품에 불과하다. 그에게 있어 가장 황홀한 **행복**은 사랑하는, **'손자(孫子), 손녀(孫女)'**들과 함께 화목하게 함박웃음을 터트릴 때라고, 이 시(詩)는 고백(告白)하고 있다. **행복**은 물질에 있는 것도 아니고, 그렇다고 명예에 있는 것도 아니고 권력에 있지도 않다는 것인데, 그러면 **행복**은 어디에 있다는 것인가? 그 해답을 **류재상** 시인은 시로써 우리에게 암시하고 있다. **류재상** 시인과 같이 남과 비교하지 않고 **주어진 현실에 충실하며, 자기가 해야 할 일을 묵묵히 하고 있을 때**, 우리도 모르게 **행복**은 스스로 우리 곁으로 찾아온다는 것이다. **류재상** 시인의 시에서, 결국 **행복**의 정의는 **'마음먹기 나름'**이라는 해답을 제시하고 있다.

 우리가 **행복**을 찾기 위해 아등바등 살 때, 오히려 **행복**은 역(逆)으로 우리 곁을 더욱 멀리 달아나 버리지나 않을는지? **행복**은 **류재상** 시인의 시와 같이 모든 악착스러운 것들을 내려놓고, 빈 마음으로 **안분지족(安分知足)**할 때, 진정한 **행복**이 찾아온다. **류재상** 시인과 같이 평생을 시(詩)와 더불어 생활하고, 시와 같이 희노애락(喜怒哀樂)을 즐길 수 있는 사람이 과연 이 세상에 몇 명이나 될까? 우리는 스스로 자문자답(自

問自答)하게 된다.

　류재상 시인의 시상(詩想)이 집약된 종결행의 '**저 푸른 하늘의 빈털터리 허공이 평생 내 친구였다**'라는 고백에서, 인생은 '**공수래공수거(空手來空手去)**'라는 의미의 참 뜻을 되새겨보게 되며, 어떤 삶을 살아야 할 것인가를, 독자(讀者)들은 문뜩 깨달게 될 것이다.

　　고 작은 먼지 한 알까지, 사랑했던!
　　5천 편이 넘는, 그 많은,
　　내 시(詩)와
　　함께!
　　이렇게 황홀한
　　무(無)의,
　　나라에 와!
　　내가 살았을 때, 그렇게 날마다
　　꿈처럼 사랑했던! 내 아내, 海里
　　양정숙을!
　　다시,
　　하늘에서 만나!
　　저쪽,
　　저 허공의
　　주례(主禮)로! 우리는 지금,
　　살았을 때 그때와 똑 같이! 다시,
　　결혼해! 이제, 영원히 꿀이

　　흐르는! 가장, 달콤한 신혼(新婚)이다!!
　　　〈류재상(柳在相) 묘비〉전문

'**영원한 사랑**'라는 부제가 붙은 **류재상** 시인의 비장미(悲壯美)가 감도는 **묘비명(墓碑銘)**의 시(詩)다. 자유로운 영혼의 소유자인 시인이 **행복**하였던 인생의 회고와, 진심을 담은 마음의 결의(決意)이기에, 모골(毛骨)이 송연(悚然)하도록 감동적이다.

류재상 시인은, 위의 시에서 시와 더불어 **행복**한 삶을 영위하였으며, 아울러 시인의 '**내자(內子)에 대한 끝없는 사랑**'은 시공(時空)을 초월하여 영원히 변하지 않을 것이라는 너무나 **인간적인 고백**에서, 요즘 황혼이혼(黃昏離婚)이 늘어가는 현대인들에게, '**참다운 부부관계(夫婦關係)**'가 무엇인지를 깊이 생각할 수 있는 여지(餘地)를 남기고 있다.

자녀들에게 묘비명을 이렇게 써 달라는 시인의 결연한 당부에서, **지고지순(至高至純)**한 순백(純白)의 삶을 살았던 시인의 굳은 **심지(心志)**를 깨닫게 된다. 사랑은 모든 것을 초월(超越)할 수 있기에, 저승에서 다시 만나 영원히 **달콤한 신혼(新婚)**으로 살아 갈 것이라는, '**시인의 불망기(不忘記)**'에서, 죽음도 가르지 못할 시인의 영원한 내자(內子)의 사랑에, 우리는 **가장 엄숙히 숙연(肅然)해 지지 않을 수 없다.**

3. 마무리

시(詩)는 곧 **류재상** 시인 자신이고, **류재상** 시인은 바로 **시(詩)**라는 논리가 성립된다고 할 때, 일상의 삶에서 보고 듣고 느낀 체험들 중에서 소외되어, 가치를 제대로 인정받지 못하는 소소(小小)한 것들에, 생명 있는 시어(詩語)로 그 가치와 의미를 새롭게 부여하여, '**창조적 부활(復活)**'의 날갯짓을 달게 하는, 시인(詩人)의 위대한 '**창조성(創造性)**'은 과연 어디에서 오는 것일까?

류재상 시인의 『**삶의 여백**』은 언어의 짙은 향기(香氣)로, 삶의 여백을 향긋하게 채우고 있다. 마치 셰익스피어의 말처럼, 언어의 향기를 마음의 눈으로 맡을 수 있게 하고 있다. 그것은 시인의 말처럼 **언어의 진수(珍羞)**를 오감(五感)으로 느끼며 황홀하게 즐기고 있기 때문이다. 공자(孔子)도 『논어(論語)』옹야편(雍也篇)에서 '**知之者 不如好之者 好之者 不如樂知者**〈아는 것은 좋아하는 것만 같지 않고, 좋아하는 것은 즐기는 것만 같지 않다〉' 라고 하였는데, 결국 **류재상** 시인의 시(詩)는, 독자에게 시(詩)를 통해, 사물의 의미와 인생의 의미를 새롭게 찾아 즐기는, 아주 신기한 **황홀감(恍惚感)**에 젖게 한다.

'**인간과 영혼과 자연**'이 하나가 되는 그의 시들은 **물심일여(物心一如)**의 합일된 경지를, 언어의 향연(饗宴)으로 펼치고 있음은, 그의 필력(筆力)의 소산으로 믿을 수 있을 것이다. 아울러 시를 통하여 장자(莊子)의 * '**호접지몽(胡蝶之夢)**' 과 같은 이상향(理想鄕)을 노닐고 있는 것 같은 착각에 빠지게 됨은, 그의 시에서 느낄 수 있는 자연스러운 현상이며, 발터 벤쟈민(Walter Benjamin)이 예술 이론에서 차용(借用)한 아우라〈Aura : 독특하고 고고한 분위기〉라고 생각한다.

동양인들이 꿈꾸던 무릉도원(武陵桃源)과 서양인들이 갈망하던 유토피아(utopia)를, 시의 세계에서 누리게 되는 것은, 물질문명에 종속되어 정신세계가 메말라가는 현대인들에게 크나큰 위안과 즐거움이 아닐 수 없다.

'**샹그릴라(Shangri-La)**'는, 1933년 출판된 제임스 힐턴(James Hilton)의 소설 『잃어버린 지평선』에 등장하는 이상향(理想鄕)으로, 평생 늙지 않고 영원한 젊음을 누릴 수 있는 **상상(想像)의 지상낙원**을 소설로 그리고 있는데, 평생 늙지 않고 언제나 젊음을 유지하며 살고 싶은 인간의 욕구가 확산되면서, '**샹그릴라 신드롬(Shangri La syndrome)**' 이라는 말이 생겨날 정도였다. 우리는 자연과 인생의 함수관계를 노래한 **류재상** 시인의 시에서, **평화롭고 영원히 행복**을 누릴 수 있는 '**샹그릴라**' 와 같은 꿈을 반추(反芻)할 수 있지 않을까?

흔히 시인은 **'제2의 창조주'**라고 한다. R. G. 몰튼(Richard Green Moulton)의 다음 말에 비쳐보건대, 시(詩)를 통한 새로운 **'자아(自我)와 새로운 세계(世界)의 확장'**은, 곧 **류재상** 시인에게도 해당되는 말이다.

"창조란, 우리의 존재의미(存在(意味)에다 무엇인가를 새롭게 보태는 일인데, 새로 보태지는 것이 바로 시(詩)이며, 이 일을 수행하는 사람이 시인(詩人)이다."

아울러 **류재상** 시인에게 있어 침묵(沈黙)과 고독(孤獨)은 **'신(神)과의 소통수단(疏通手段)'**이다. 시인이 소유하고 있는 절제된 고독의 세계에서, 침묵의 소리를 통하여 언어외적(言語外的)인 의미가 주는 최대의 시적 효과를 살리고 있음은, 그만이 가질 수 있는 **실상무상**〈實相無相 : 불변의 진리〉이라고 하여도 부족함이 없을 것이다. 그의 시가 추구하는 것이 **'자연(自然)의 인간화(人間化)'**라면, 결국 자연이 인간의 정신에 들어와 **정신화(精神化)**되면서, 비로소 **류재상** 시(詩)가 탄생되는 것이다.

시인은 시(詩)로써 자기의 존재가치를 나타낸다면, **류재상** 시인은 **'자연의 사랑과 시(詩)의 사랑'**이, 바로 **류재상** 시인 그 자체의 인생이다. 마치 보석세공사와 같이, 정교한 표현기법과 섬세한 감정의 울림, 다양한 시적 이미지와 현란한 언어의 성찬(盛饌)은, 한평생 그가 시인으로 살아온 삶의 **결과(缺課)물이요 업적**이다. 그리고 특히 고조된 시의 절정부인, **'마지막 행과 연'**을 통한 주제의 함축적인 제시와, 자연애(自然愛)를 통한, 민족정서(民族情緒)의 확장(擴張)은, **'현대시와 전통시의 맥(脈)'**을 잇고 있다. 형이상학적이지만 어렵지 않으며, 비유와 상징이 가미되었지만 난해(難解)하지도 않고, 현란한 심상(心象)의 시어(詩語)를 통한 시적 여유는, 그가 얼마나 **감각적 재능과 천부적 필력**

(筆力)의 소유자인가를 확인할 수 있다.

눈으로 읽는 즐거움 뿐만 아니라, 시를 통한 인생의 깊은 성찰을, 독자에게 제시하는 그의 **'순수 열정'**은, 언제나 힘차게 타오르는 불꽃이 되어, 시를 사랑하는 모든 사람들의 가슴속에 시대를 넘어서, 영원히 꺼지지 않는 시(詩)의 불꽃이 될 것이다.

나비야 청산(靑山) 가자 범나비 너도 가자 : 〈청산의 소망〉
가다가 저물거든 꽃에 들어 자고 가자 : 〈자연과의 동화〉
꽃에서 푸대접하거든 잎에서나 자고 가자 : 〈자연과의 일체감〉

고시조〈작가미상〉

자연과의 일체감을 노래한 조선시대 시가(詩歌) 중, 가장 대표적인 시가(詩歌)가 바로 작가미상(作家未詳)인 이 평시조(平時調)다. 류재상 시인의 자연동화적 시(詩)와 위 시조(時調)가 **시대를 초월(超越)**하여, 상호 정서적 친밀성을 가지고 있음을 독자들은 쉽사리 발견할 수 있을 것이다. **전통적(傳統的) 정서(情緖)**가 류재상 시인의 시에서 단절(斷絕)되지 않고 면면(綿綿)히 계승되어 이어짐은, **'가장 한국적 것이 가장 세계적'**이라는, 이 보편적 진리를 다시 한 번 우리들에게 일깨우고 있다. **끝.**

*호접지몽: 자아(自我)와 외계(外界)와의 구별을 잊어버린 경지(境地)- '장자(莊子)가 어느 날 꽃밭에 꿀 따는 나비가 되는 꿈을 꾸었는데, 잠에서 깬 뒤에도 자기가 지금 나비인지 나비가 자기인지, 전연 구별이 안 되는, 즉 삶(현실)이 늘 꿈같은 그런 황홀경(恍惚境)'을 이르는 말.

月葉 류재상(柳在相) 시인의 연보

◉ 출생 및 가족
· 아호: 月葉
· 1944년 7월 7일(음5월 9일 오후 4시경 탄생), 경남 함양군 안의면 봉산리 석반부락(새주소:봉산길 53)에서 아버지 **류동열(柳東烈)**과 어머니 **박문숙(朴文淑)**의 8남매 중 장남(長男)으로 태어나다.(문화 류가 대승공파 33세손)
· 1972년 1월 13일, 장인 **양동석(梁東錫)**과 장모 **신용순(慎用順)**의 장녀인 **양정숙(梁正淑)**과 결혼하여, 큰딸 **선아(仙娥)**와 작은딸 **지아(芝娥)** 그리고 아들 **용아(龍我)** 3남매를 두다.
· 큰딸 **선아**와 사위 **임재충(林在沖)**과의 사이에 외손녀 **성하(成河)** · **성희(成熹)** 외손자 **성우(成雨)**가 있고, 작은딸 **지아(芝娥)**(1973년 11월 18일생)는 아버지 문학 작업을 돕고 뒷바라지 하느라, 그만 결혼도 깜빡 잊어버린 채 내 문학의 **'가장 위대한 동반자(同伴者)'**. 아들 **용아**(의학박사 · 성형외과전문의)와 며느리 **명소영(明素英)**과의 사이에 친손 **호빈(浩彬)** · **호연(浩然)** · **호준(浩俊)** 3형제가 있다.

◉ 학력 및 등단
· 1951년에서 1963년까지 안의 초 · 중 · 고등학교를 졸업하다.
· 1970년 2월 26일 서라벌예술대학 문학부 문예창작과 4년간 수석으로 졸업하다.
· 1977년 6월 25일 시집 『감하나』로, 未堂 서정주 서문(序文) 추천으로 등단하다.
· 명예시문학박사

◉ 문단활동
· 詩 5,000편 이상 창작하다.
· 著書, 현재 43권(創作시집34권·詩抄시집6권·단상집(류재상잠언집)1권·류재상詩歌曲集1권·류재상 詩論1권) 상재하다.
· 「韓國詩大事典」 및 「現代詩人大事典」과 그 밖의 문학사전에 등재되다.
· 2013년 7월 7일, 충남 보령시 주산면 작은샘실길58-18 '시와숲 길공원'에 〈류재상詩四千篇創作詩碑〉를 제자들이 세우다.
· 한국문인협회 제24기 이사(理事) 역임하다.
· 2006년 세계계관시인학술원에서 명예시문학 박사 학위 받다.
· 2006년 8월 31일자로 37년간 고교 국어와 문학교사로 정년퇴임하다

◉ 수상
· 1999년 제2회 '한국녹색시인상, 수상하다.
· 2000년 제2회 '세계계관시인대상' 수상하다.
· 2001년 제1회 '이육사문학상본상' 수상하다.
· 2009년 제1회 '방촌문학대상' 수상하다.

◉ 출간 작품집
· 1977년 제1시집 「감하나」
· 1980년 제2시집 「素朴한 愛國」
· 1983년 제3시집 「달콤한 죽음의 演習」
· 1984년 제4시집 「大地의 힘」
· 1987년 제5시집 「동백꽃」
· 1987년 제6시집 「가슴 뛰는 세상
· 1989년 제7시집 「정말 반성해 봅시다」
· 1989년 제8시집 「돌아보기(1)」

- 1989년 제9시집「돌아보기(2)」
- 1997년 제10시집「여보, 당신만을 사랑해요」
- 1998년 제11시집「꺾어 심은 나무」
- 1999년 제12시집「과수원집 빨간 사과」
- 2000년 제13시집「하얀 밥풀 하나」
- 2001년 제14시집「시인의 나라」
- 2001년 제15시집「아침 이슬」
- **2002년 단상집「시인의 고독한 독백」**
- 2002년 제16시집「감각. 21」
- 2002년 제17시집「이야기」
- 2003년 제18시집「봄소식」
- 2003년 제19시집「사랑의 詩」
- 2003년 제20시집「가장 싸늘한 불꽃」
- 2004년 제21시집 삼행시「위대한 사람」
- **2004년「류재상詩歌曲集」**
- 2004년 제22시집「파란 풀잎」
- 2005년 제23시집 일행시「寸鐵殺人」
- 2005년 제24시집「詩는 행복해요」
- 2005년 제25시집「가장 촉촉한 沈默)」
- 2006년 제26시집「행복을 팔아요」
- **2006년 류재상 詩 100選 시집「月葉詩魂)」**
- 2007년 제27시집「황홀한 죽음」
- **2007년 류재상 戀歌(2쇄)「여보, 당신만을 사랑해요」**
- **2008년 류재상 시집「오솔길」**
- 2009년 제28시집「수채화」

- 2010년 제29시집「가장 황홀한 원(圓)」
- 2013년 제30시집「정말 감사합니다」
- 2014년 제31시집「삶의 여백」
- 2015년 제32시집「우리는 모두가 혼자 꿈꾸는 존재」
- 2016년 제33시집「참 새콤한 시」
- **2016년 류재상 戀歌(3쇄)「여보! 당신만을 사랑해요」**
- 2018년 제34시집「아름다운 초월」
- 2021년「류재상詩論」
- 2023년「가장한 촉촉한 침묵(개정판)」
- 2023년「삶의 여백(餘白)(개정판)」
- 현재, 저서 43권(創作詩集34권 · 詩抄詩集6권 · 斷想集(류재상잠언집)1권 · 류재상詩歌曲集1권 · 류재상 詩論1권) 상재
- 월간「한맥문학」에, 〈'감동창조(시)' 연재〉(2017년 10월부~2021년 2월까지〈총41회 연재)

삶의 여백(餘白)

류재상詩集

인쇄일	2023년 06월 20일
발행일	2023년 06월 30일
지은이	류 재 상
디자인	도서출판 평강
펴낸곳	도서출판 평강

창원시 마산합포구 남성로 28
☎ 055) 245-8972
E-mail. pgprint@nate.com

· 도서출판 평강과 저자의 서면 동의 없는 무단 전재 및 복제를 금합니다.
· 저자의 도장이 없는 책을 판매하거나 기증할 수 없습니다.

ISBN 979-11-89341-22-0 03600

※ 이 책은 한국예술인복지재단으로부터 발간비 일부를 지원받습니다.